新卒採用の実務

岡崎仁美

日本経済新聞出版社

はじめに

「ウチみたいな会社、ほんまに大学生採れるやろか」――。

もう20年以上も前、当時のリクルートに入社したての私は、中小企業の経営者や採用担当者から、この問いを本当によく受けました。それは、つい先日まで自身が大学生だった私には、とても重い問いでした。「ほんまに採れるか」、確信が持てないで答えに戸惑うばかり。実際、十分なお手伝いができず、初めての大卒採用にチャレンジしたものの、思うような結果に至らなかった企業もありました。一方で、全社一丸となっての熱心な活動の結果、大手企業の内定を辞退して飛び込んでくる新卒者を迎え入れた企業とも数多く出会いました。何がその成否を分けるのか――。その後しばらく、企業の採用現場のすぐそばで、多くの実例を通じて大卒採用のセオリーを叩き込まれる日々を過ごしました。

当時と比較すると、新卒採用のためのツールは多様化し、またそれぞれが進化しており、新卒採用のハードルは随分下がったように感じます。その一方で、大学生の数も大学生を採用したい企業の数も増え、また必要な双方間のコミュニケーション量も圧倒的に増えたため、

「本当に採りたい人」に出会うことはやはり容易ではありません。

本書は、新卒採用に初めて携わる方から、あらためてその流れをおさえておきたい方まで、幅広くお役に立てるよう執筆しました。新卒採用マーケットの概要から採用活動の手順、法律関連の留意事項、新たなトレンドまで、網羅的につかんでいただくことを目指しました。私の知識や経験がお役に立てることには限りがあるため、所属する会社で長年磨かれてきたフレームやセオリーなどに、私が責任者を務める『就職みらい研究所』でのリサーチ結果を加味して記した次第です。

なお、新卒採用には高卒や専門学校卒を主たる対象にする場合もありますが、本書は大学生採用にフォーカスしたものであることも補足しておきます。

この本を通じて、採用に携わる皆さんが、若者を社会に迎え入れる１つの手段としての「新卒採用」に、より大きな希望と期待を寄せるきっかけを提供できるとしたら、これ以上の幸いはありません。

２０１４年11月

岡崎　仁美

新卒採用の実務――【目次】

第1章　新卒採用マーケットを理解する

1　大卒採用マーケットは「プレイヤー」の数が増加

就活生と採用企業、双方にとって選択肢が拡大

新卒採用を成功させるためには、まずマーケットの現状を把握し、いかに戦略を立てるかが重要です。

新卒採用には長い歴史がありますが、その状況は時勢に応じて変化しています。第一に、近年の新卒採用マーケットの特徴として、「大学生」と「採用企業」、両方の数が増えていることが挙げられます。

大学生の数に関しては、この四半世紀で18歳人口が約70万人も減少する中で、大学への入学者数は10万人程度増えているというのが実情です。それにより学生の「質」も変化しているといえます。

企業側はどうでしょうか。一昔前は、新卒採用は中堅から大手企業が行うものであり、中小企業は中途採用が主流と考えられていました。しかし、その垣根は崩れ、現在の新卒採用市場には大手企業も中小企業も混在しています。私はおよそ20年にわたって新卒採用の実情

を見てきましたが、昔は大卒を採用していなかったような企業の多くが、今では積極的に採用しているという実感があります。事実、新卒向け就職情報サイトの掲載企業数も大幅に伸びています。

このように、大学生も採用企業も増えているという状況は、お互いにとって「選択肢が多い」というメリットがある一方、「うまく道筋を作らなければ、出会うべき人・企業に出会いにくい」というデメリットにもつながっています。

実際、２０１４年度のデータでは、約７万人もの大学生が就職先も進学先も決まらないいまま卒業を迎え、一方、新卒採用活動を行った企業のうちの３～４割は採用計画数を満たせないまま採用活動を終えています。

つまり、自社が求める要件にフィットする学生はどこに存在し、どんな方法で就職活動を行っているかをふまえ、採用活動計画を立てることが大切なのです。

企業は学生の「意欲」「学力」は評価、「業界研究」「将来ビジョン」に不満

ちなみに、新卒採用を行っている企業は、昨今の応募学生に対してどう評価しているのでしょうか。２０１４年卒学生を対象に採用活動を行った企業への調査によると、比較的高く

図表１－１　応募学生に対する企業の評価

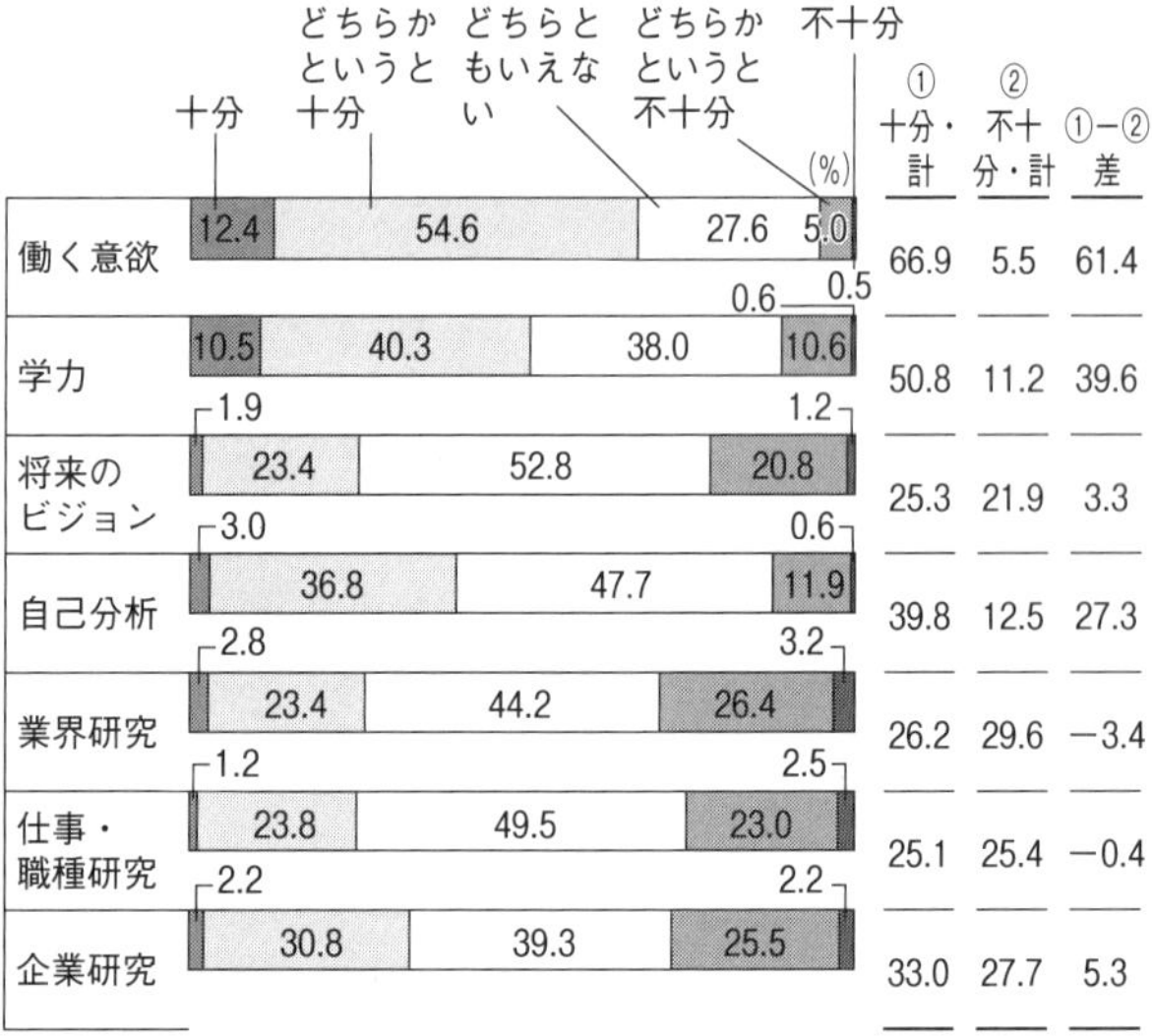

出所：『就職白書2014―採用活動・就職活動編―』（就職みらい研究所）

評価しているのは「働く意欲」「学力」「自己分析」などでした。一方、「業界研究」「仕事・職種研究」「将来ビジョンの明確さ」については不十分と感じている企業が多いようです（図表１－１）。

2　中小企業が新卒採用に乗り出す背景は大きく分けて3パターン

「将来を見すえて」「組織変革」「中途採用の代替」が主な理由

新卒採用を行う中小企業が増えてきたと書きましたが、中小企業が新卒採用に乗り出す背景・理由としては、大きく分けて次のようなものが挙げられます。

①会社が成長・安定し、余裕が出てきたので、将来を見すえて若手を育てていきたい
②世代交代を機に、組織の若返りを図りたい。「第二創業期」として社内を変革したい
③実は即戦力人材が欲しいのだが、中途採用がうまくいかないので新卒を育成したい

①②については、既存社員に刺激を与えることを狙っているケースも多いようです。新卒入社者を迎えることは、「自社が大切にしている理念・価値観」や「自社の強み」などについて、皆で見つめ直すきっかけとなり得ます。新卒者を迎えて育成することで、組織の活性化、既存社員の意識向上に結びつけている企業は少なくありません。

一方、③を理由に新卒採用活動を始めた企業の場合、なかなかうまくいかないことがよくあります。「即戦力」という理想が念頭にあると、学生に対して不足感や不満を強く感じて

しまうかもしれません。結果、内定を出す決断ができない、あるいは面接の場でネガティブな空気を感じ取った学生が内定を辞退してしまう……といったことが起こっていると考えられます。

新卒採用に踏み出したきっかけが③であったとしても、いざ活動を行う際には、「中途採用の代替」ではなく、新卒採用そのものを目的と捉え直すというように、意識を切り替える必要があります。

3　新卒採用にはデメリットもある——準備と覚悟が必要

新卒採用は、ある決まった時期に、一定数の新規労働力が参加するタイミングを狙える、貴重な人材確保の機会です。しかし、採用後、長期的に育成していく環境が整えられなければ、お互いに不幸な結果となりかねません。新卒採用に踏み切るのであれば、それ相応の準備や覚悟が必要です。

新卒採用のデメリット、課題となる主なポイントは次のとおりです。

・採用決定から入社までの期間が中途採用に比べて長い

単位不足などで卒業できず、予定期日に入社できないケースがある。また、入社までの時間が長い分、心変わりしたり、当人の状況が変化したりすることも起きやすい。

・ビジネスパーソンとしての「イロハのイ」から教える必要がある

個人差もあるが、そもそも経済の仕組みというものを理解していない場合も少なくない（実際、「お金儲けは悪いこと」だと考えている新入社員を受け入れて手を焼いたという話もしばしば聞きます）。また、ビジネスマナーや言葉遣い、法令順守の精神など、基本中の基本から教育をする必要がある。

・戦力化するのに一定の時間がかかる

ビジネスの基本を学ばせるところからのスタートとなるため、業務を行って会社に利益をもたらすまでに時間がかかる。ちなみに、新卒採用を行っている企業への調査では、「新人が戦力化するまでの理想の期間」をたずねると、「半年〜1年未満」という回答が最も多いが、「現実の期間」をたずねると「3年以上」が最も多い、という結果が出ている（図表1−2）。

・組織を新卒者ばかりで固めると、中途採用の定着に支障をきたす場合がある

図表1－2　企業の戦力化への理想と現実

■企業の戦力化までの理想と現実（全体／単一回答）

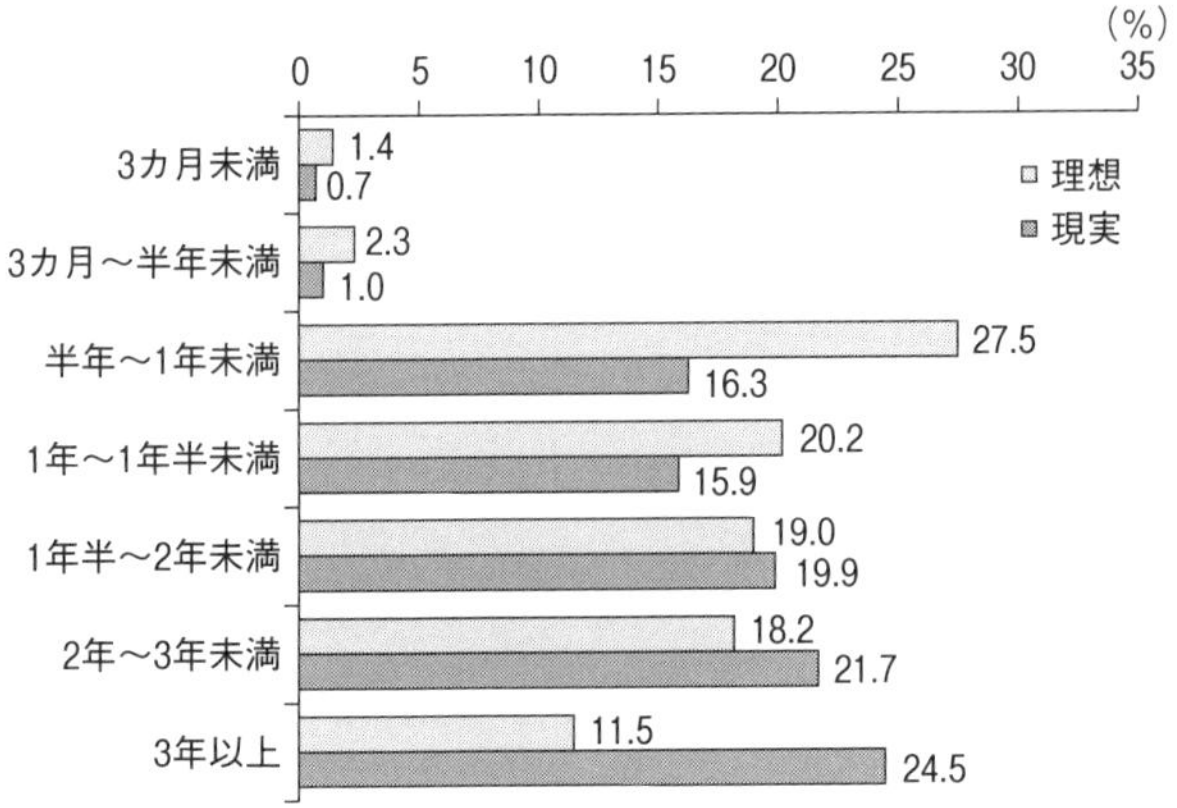

■学生の戦力化までの希望（学生全体／単一回答）

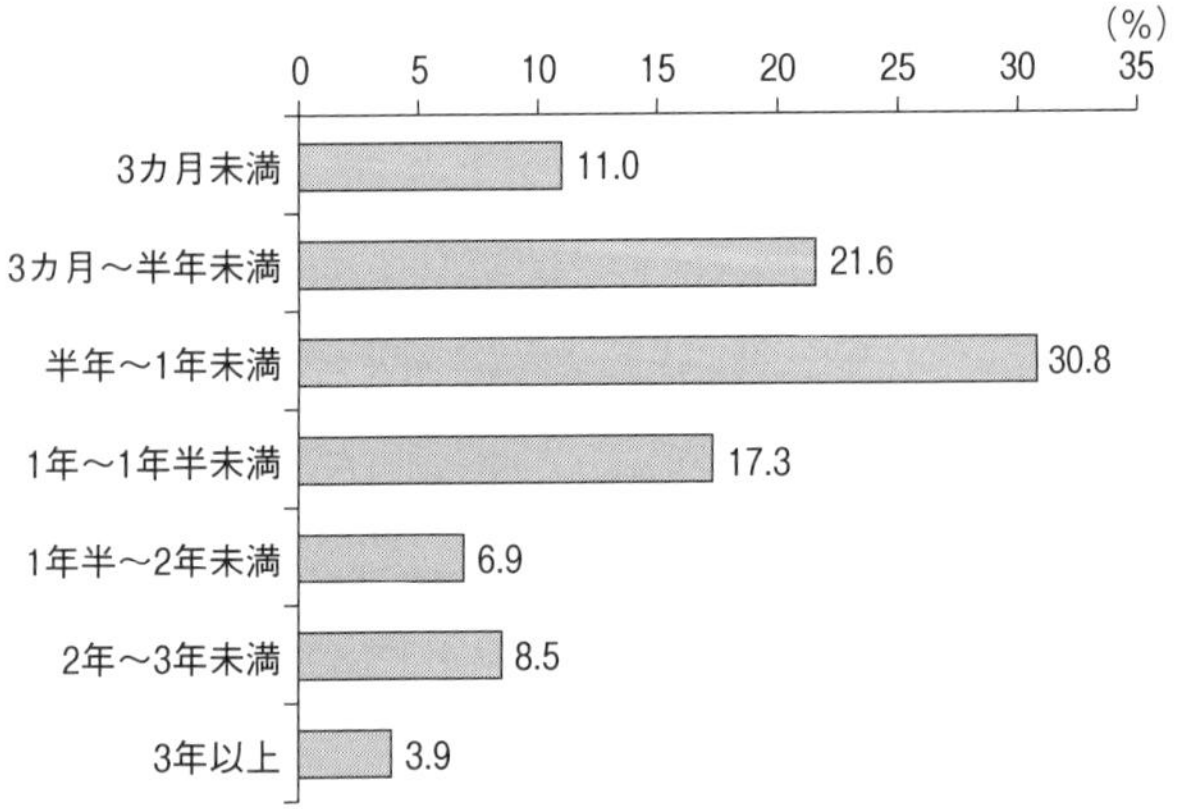

出所：『就職白書2014―採用活動・就職活動編―』（就職みらい研究所）

新卒採用のみを続けていって「一からその会社で育った人」ばかりになると、組織がモノカルチャーになってしまう恐れがある。そうすると、事業戦略上、即戦力が必要となって中途採用を行った場合、中途入社者がなじみにくく、定着しづらくなる可能性がある。組織の柔軟性を失うというリスクにもつながる。

このように短期的・長期的の両方の視点から、新卒採用がもたらすメリットとデメリットのバランスを検討する必要があります。

4　中小企業は新卒採用マーケットで不利となるか

会社規模よりも「いい会社かどうか」にフォーカスする傾向

新卒採用マーケットでは、やはり大手企業が絶対に有利なのでしょうか。結論からいえば、大手と比較した上でも中小企業が選ばれるチャンスは十分にあります。

確かに、社会経験やキャリアがない学生にとって、企業を選ぶ基準が「知名度」や「安定性」になるのは自然なこと。中小企業は労働環境が厳しいのではないか、倒産のリスクもあるのではないか……などと不安に思う学生も多いのは事実です。しかし一方で、名のある大手企業であっても労働環境の劣悪さが指摘されていたり、経営戦略ミスや不正の発覚によって経営基盤が揺らいだりしているニュースも耳に入っています。大手企業が事業縮小や大規模なリストラを行うケースも多い昨今では、就活生は大手に対しても慎重になる向きがあるのです。結論として、「大手か中小か」というより、「いい会社に入りたい」という意識が強くなっているようです。

ただし、何をもって「いい会社」とするのかの判断基準は非常に曖昧で、感覚的なものだったりします。そこで企業側が、「あなたが考えるいい会社の基準とはこういうことではないか。それならばうちの会社は満たしている」と示し、それに対して相手が納得すれば、知名度や企業規模にこだわることなく入社を決意できるというわけです。

「一緒に働きたい人がいるか」が企業の選択基準の上位に浮上

複数企業から内定を獲得した学生に対し、どの会社に入社するかを決めるにあたって「最も重視した条件」をたずねた調査があります。２０１４年春卒業生の回答で１位となったのは、「一緒に働きたいと思える人がいるかどうか」という項目でした。「企業規模」「知名

図表1－3　学生が入社予定企業と内定を辞退した企業を比較するときに最も重視した条件

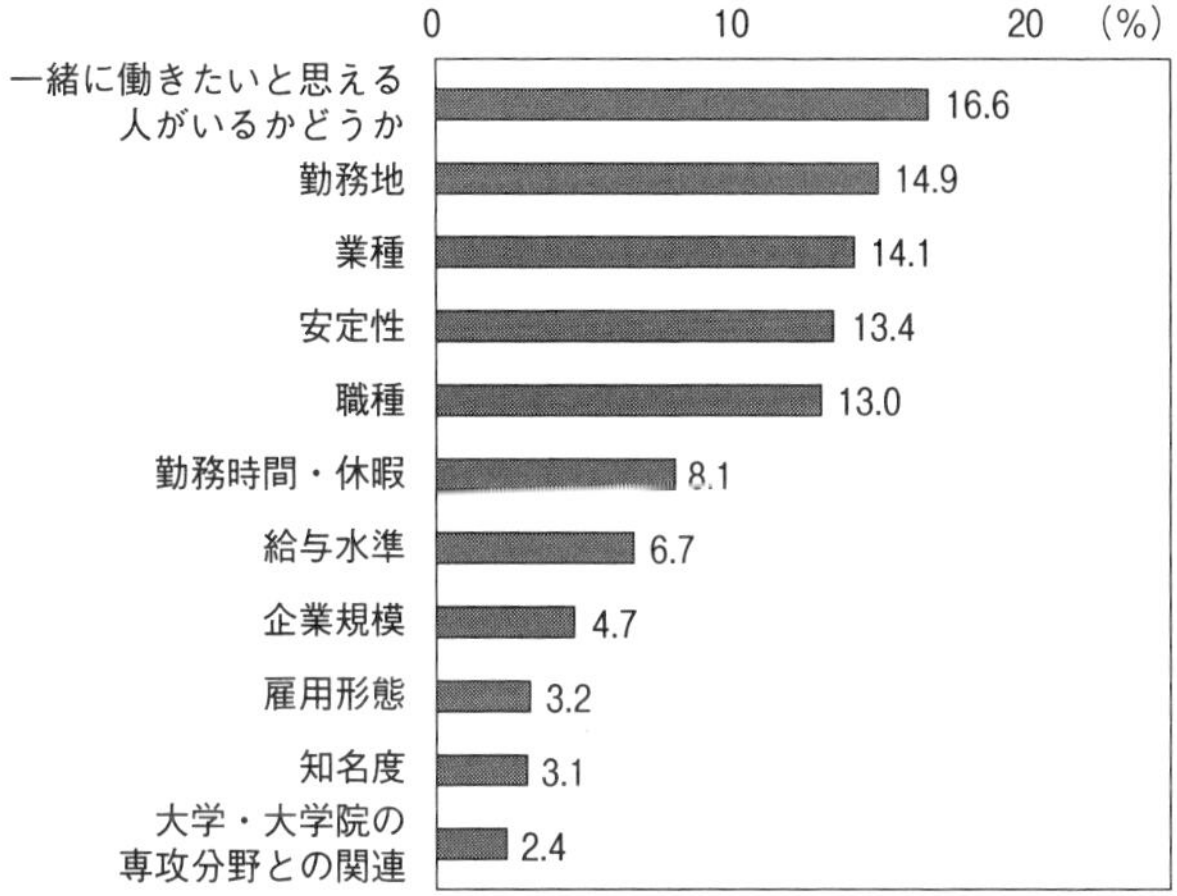

注：内定を2社以上取得後に辞退して入社予定企業を決定した学生／単一回答
出所：『就職白書2014―採用活動・就職活動編―』（就職みらい研究所）

度」などの条件をはるかに上回る結果となっています（図表1－3）。

なお、就職活動を始めたばかりの時期に「就職先を選ぶ条件」をたずねた調査では、「業種」を最優先するという回答が多くを占めます。つまり、会社説明会や面接などのプロセスを経るうちに、「〝人〟とのフィット感が大切なんだ」と気付く学生が多いということです。

　中小企業の採用担当者や経営者の中には、「うちの会社は〝会えば〟採用できるんだ」と話す方が多くいらっしゃいます。「規模は小さいし、知名度はない。けれど、直接会って話をすれば魅力をわかってもらえる」と。それだけの自信を持てる中小企業は、新卒採用にとても向いているといえるでしょう。自慢できる社風、そして新入社員を皆で育てていこうという思いを持っていれば、優秀な学生を呼び込めるチャンスがあるのです。

5　新卒採用活動には「ルール」がある——活動開始時期など

採用活動の「解禁日」は時勢によって変化している

新卒採用活動を行うに際しては、新卒採用特有の「ルール」を押さえておく必要があります。それぞれの活動には開始の「解禁日」があるのです。そしてこの解禁日は、社会情勢により変化します。

「ルール」といっても、法律のような強制力はなく、破れば罰則が科せられるといったものではありません。就職・採用に関わるプレイヤーの間で、互いに良識を持ち、相手を信頼して取り決める暗黙の了解、言い換えれば「紳士協定」です。

そもそもなぜそのような、ある意味ハッキリしないものが存在しているのでしょうか。資本主義国家である日本は、市場機能を通じて需給や価格を調節する「市場経済」を基本としています。企業の経営行動の１つである採用も、きわめて重要な競争であり、本来は自由であるべきものといえるでしょう。しかし、個々の企業が自社にとって合理的な行動を取った結果、全体では望ましくない結果が生じてしまうことがあります。例えば、各企業がそれぞれ思い立った時期に採用活動を行ったとしたらどうでしょうか。学生はいつ意中の企業の採用活動が行われるかわからないため、長期にわたっての就職活動を余儀なくされることになり、それに伴い企業の採用活動も長引いてしまいます。新卒採用の場合は、「企業は正常な学校教育と学習環境の確保に協力すべき」という社会通念も根強く、こうした背景から採用に関する「ルール」が設けられてきたのです。

バブル期以前に就職を経験した方は、「就職協定」という言葉をお聞きになったことがあるのではないでしょうか。これがまさにその「ルール」にあたります。

１９９７年の就職協定廃止以降は、経済団体である日本経済団体連合会が「採用選考に関する企業の倫理憲章」を、大学など（就職問題懇談会）が「大学、短期大学及び高等専門学校卒業・修了予定者にかかわる就職について（申合せ）」をそれぞれで定め、お互いを尊重した採用活動・就職を取り扱うことが合意されてきました。

また、企業と大学によるルールに、政府の意向が強く反映されることもあります。「国家の貴重な資源である若者を適切に育成し、社会に送り出すために」という脈絡で、各企業の採用行動の改定が要請されるのです。過去には大卒者の自由な採用を法律で制限した時期もありました。

最近では２０１３年４月、政府と経済界の意見交換会において、安倍晋三総理が経済界に対し、「２０１６年度卒業・修了予定者からの就職・採用活動開始時期の変更」を要請。２０１３年６月には「日本再興戦略」における政府方針として閣議決定されました。

変更前後のスケジュールは、以下のとおりです。

〈２０１５年春の卒業・修了予定者まで〉

広報活動（会社説明会開催など）の解禁／３年生の12月１日以降

面接など選考活動の解禁／４年生の４月１日以降

〈２０１６年春の卒業・修了予定者より〉

広報活動（会社説明会開催など）の解禁／３年生の３月１日以降

面接など選考活動の解禁／４年生の８月１日以降

就職・採用活動開始時期を変更する主な理由は、「学業に専念できる環境の整備」「留学等の促進によるグローバル人材の育成」とされています（図表１－４）。

次代を担う若者が、より適切に育成されることに異論を唱える人はいないでしょう。しかし企業の競争も待ったなしです。過去を振り返ると、ルール改定などの大きな変化のタイミングでは、強者がより有利になり二極化が進展する傾向が見られました。２０１６年卒以降の「活動期間の短縮」を狙ったスケジュール下では、より計画的かつ効率的な活動を行えるかどうかが一層問われているように思います。

将来的には、新卒採用活動から入社の時期が一律でなくなる可能性も

今すぐに、というお話ではありませんが、今後、長期的に新卒採用を行っていこうとするならば、採用活動ルールだけでなく、「学事日程」にも注目してください。

先頃、東京大学が海外の大学と合わせ、「秋入学・秋卒業」に変更する方針を発表しました。検討の結果、この計画は見送られましたが、２０１５年度から「4学期制」が導入されることとなりました。この制度下では、学部によって長期休業期間が異なり、学生の動きにもバラつきが出てくることになります。

「日本再興戦略」(2013年６月14日閣議決定) 抜粋

第Ⅱ．３つのアクションプラン

一．日本産業再興プラン

２．雇用制度改革・人材力の強化

⑤若者・高齢者等の活躍推進

○若者の活躍推進

・学修時間の確保、留学等促進のための、2015年度卒業・修了予定者からの就職・採用活動開始時期変更（広報活動は卒業・修了年度に入る直前の３月１日以降に開始し、その後の採用選考活動については、卒業・修了年度の８月１日以降に開始）について、中小企業の魅力発信等、円滑な実施に向けた取組を行う。

就職・採用活動開始時期変更の意図

●学修時間の確保

就職活動の早期化・長期化は、学業に専念すべき学生自身の負担になる。学生の成長が最も期待される卒業・修了前年度の教育に支障を来し、結果として学生の学力の低下が懸念される。就職・採用活動開始時期を変更することで、学生が落ち着いて学業等に専念できる環境が整備されることが期待される。

●留学等の促進

日本人の海外留学者数は、2004年の約8万3000人をピークに減少し続け、2010年時点で６万人を下回るまで落ち込んでいる。また、留学に関する障害について、2007年に国立大学協会が国立大学に対して実施したアンケート調査結果では、「帰国後、留年する可能性が大きい」と７割弱が回答している。このような回答結果が得られる一因には就職・採用活動時期の早期化が挙げられる。例えば、大学３年次から１年間留学を希望すると、帰国時期は早くとも４年次５ ～ ６月頃になると予想されるが、その頃には日本での採用選考活動はすでに始まっていて、採用選考が既にほぼ終わっている企業も少なくないと考えられる。

グローバル人材が不足する中、採用選考活動が４年次の８月から始まることとなれば、このような理由で留学を諦めていた学生が留学することにつながり、帰国後は選考活動にも乗りおくれることなく対応することが期待できる。また、ボランティア活動等の参加促進に良い影響を及ぼすことも期待される。

出所：首相官邸ホームページ 「就職・採用活動開始時期の変更について」

図表１－４　就職・採用活動開始時期変更後のスケジュール

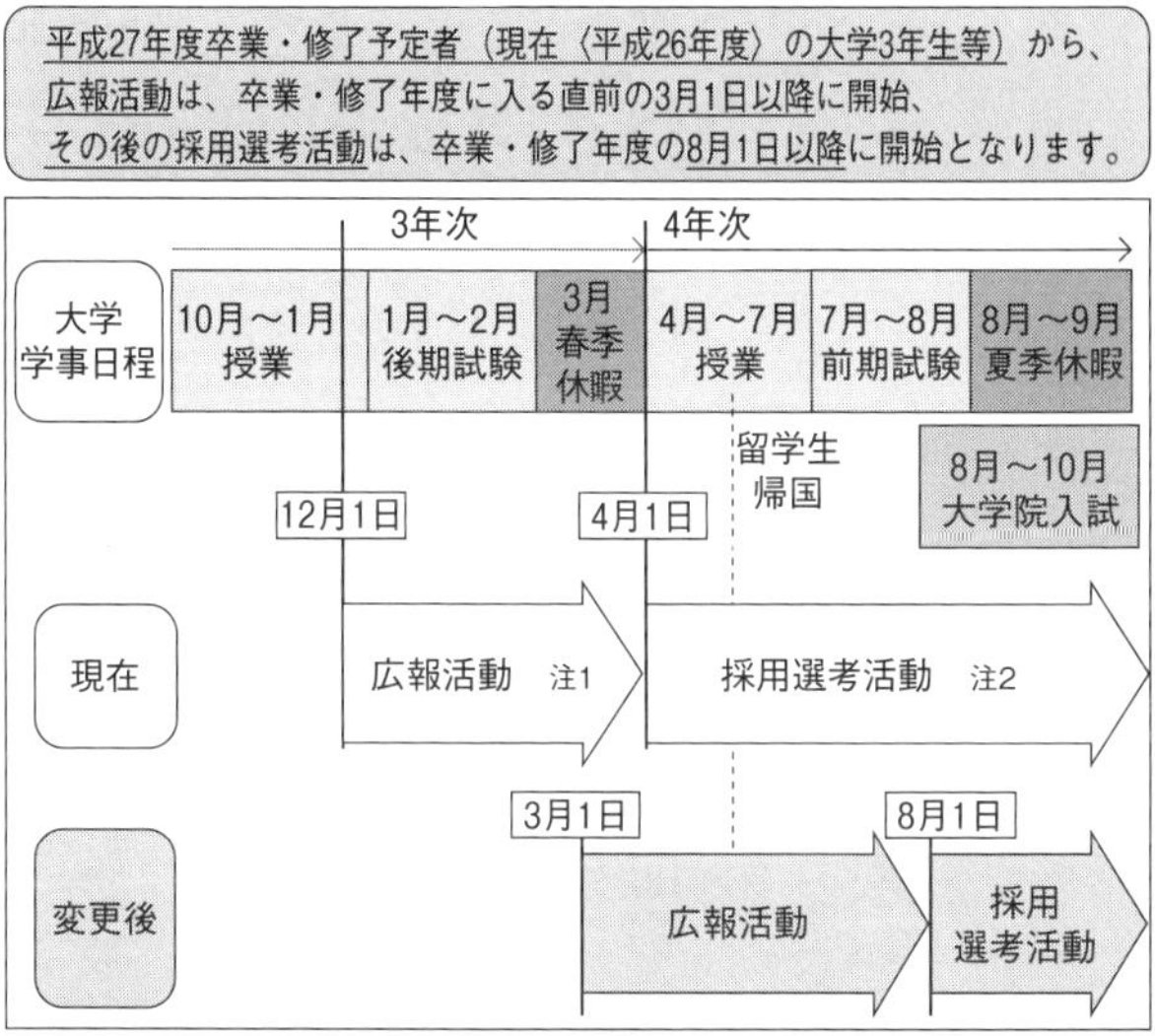

注：1　広報活動：採用を目的とした情報を学生に対して発信する活動。採用のための実質的な選考とならない活動。

注：2　採用選考活動：採用のための実質的な選考を行う活動。採用のために参加が必須となる活動。

こうした4学期制の導入が今後他の大学にも広がり、仕組みが進化していけば、同じ大学内でもA学部は秋に大量の卒業生が出る、B学部では7月に卒業を迎える……といったことが現実となるかもしれません。となれば、企業側は新卒者の夏入社・秋入社にも対応する必要が出てきます。特にグローバル化が著しい学部などでは、今後、「秋卒業・秋入社」が増える可能性は十分にあります。

つまり新卒が「4月の一括採用」ではなくなるということです。採用担当者はそうした将来も見すえて対応していく必要があります。

6　採用に向けての取り組みを開始する時期

「3月解禁」と同時に動くなら、12月中には準備に着手

前述のとおり、会社説明会の開催は3月解禁となりますので、採用を行うのであれば12月中にはある程度の計画を立て、段取りをしておく必要があります。

大学にアプローチするのであれば、大学の就職担当者を訪問し、学内での合同会社説明会開催予定などの情報を入手します。就職情報サイトに広告を出すのであれば、求人サイト運

営会社の営業担当者を呼び、採用計画や求める人材像を伝え、採用戦略の提案を受けます。

なお、大手企業の場合は採用専任の部署や担当者が活動に従事しますが、採用専任部署がない中小企業の場合は、管理部門スタッフがさまざまな部門の現場スタッフを巻き込みながら進めていくことになるでしょう。例えば、合同会社説明会に参加する際に、営業部門から社員を派遣してもらい、学生に営業の仕事を説明してもらう……といったようにです。

先ほど、学生が企業を選ぶ基準として「一緒に働きたい人がいるか」という点が重視される傾向にあると説明しました。ということは、会社説明会や面接で学生に接する社員は、学生から見て魅力的な人物、憧れを抱き目標となるような人物を選定する必要があります。そうした人物は多くの場合、社内のスタープレイヤーであり、日々の業務が非常に多忙であるケースがほとんどでしょう。業務の時間を割いて採用活動に駆り出すとなれば、いろいろと調整が必要になります。場合によっては、採用活動時期を遅らせる必要もあるかもしれません。社内の連携がスムーズにいくように、早い段階で各部署の責任者に応援を要請し、協力体制を築いておく必要があります。

「3月解禁」でも、必ずしも3月から動く必要はない

会社説明会解禁となる3月に、多くの企業が一斉に活動を開始することになりますが、必ずしもこの流れに乗らなくてはならないわけではありません。大学では企業からの求人票を随時受け付けていますし、就職情報サイトでは毎週新規求人が掲載されます。学生側も必要に応じて随時、それらをチェックしています。

ですから、「3月は繁忙期だから動けない」という場合など、8月の面接（選考活動）解禁に向けて4～7月の間に採用活動をスタートさせるのも1つの選択です。さらにいえば、8月から秋以降にスタートしても構いません。なお、採用活動の前段階の準備に要する期間は、およそ2カ月ほどを見ておいてください。

中小企業は、採用活動時期をあえて遅めに設定することも

他の企業よりも遅れてスタートすることについては、次のようなデメリットとメリットがあることを理解しておく必要があります。

〈デメリット〉

学生は就職活動を一斉にスタートする傾向があるため、納得のいく内定を得られれば採用マーケットから退出していく。つまり、スタート時期が遅くなるほど対象者は減っていく。

〈メリット〉

採用予定数を充足させた企業が採用マーケットから退出していく。いち早く採用を完了するのは、採用力が高い企業であり、つまりは「強力なライバル」がいなくなる。また、秋頃になると、採用予定数が充足してなくても、その年度の採用活動を打ち切る企業も多数見られる。

中小企業や人材が集まりにくい業種の企業などでは、後者のメリットを重視し、大手人気企業の採用活動が一段落した頃を狙って活動を開始するケースも少なくありません。過去の調査では、従業員数50人未満企業の多くは4月の受け入れの5カ月前である11月に新卒採用活動を開始するという傾向も見られました。

では、活動開始時期を遅らせた場合、就職活動を続けている学生はどれくらい残っているものなのでしょうか。最近の調査では、4年生の2月1日時点で就職活動をしていたのは希望者全体の10％です。10％というと非常に限られた数字に見えますが、大学生のうち就職を希望する人は40万人超いるため、10％とはいえ万単位の学生が活動していることになります。内定を得ていない人は「卒業までに決めたい」と積極的になっていますので、コミュニケーションを取るチャンスは十分にあるといえるでしょう。

7　採用活動の流れ

「やることリスト」を作成し、どの時期に着手するかを計画

採用活動の主な流れは次のとおりで、本書もそれにそって説明していきます。活動を始める段階で大まかなスケジュールを立て、必要となる準備や手配を早めに進めておいてください。

【STEP 1】事前準備──→第2章で解説

採用コンセプトの検討・決定

求める人材要件・人材像の設定

採用手法、採用ツール手法の検討・決定
大学の就職担当者へのあいさつ、就職情報サイトの営業担当者との打ち合わせなど
採用情報の準備、求人票・求人広告の作成
自社ホームページ内への「採用情報ページ」の設置
活動計画を立てる
社内各部署に対する採用活動方針の周知、協力体制の構築

【STEP2】募集（学生を集める）――→第3章で解説
会社説明会を開催（合同・単独・WEBなど）
就職情報サイトでの情報公開
大学の就職担当窓口やハローワークへ求人票を提出
OB・OGによるリクルーティング活動

【STEP3】選考――→第4章で解説
書類選考

筆記試験、適性検査
面接（個人／集団、1次／2次／～最終　など）

【STEP4】内定から入社後のフォロー──→第5章で解説

内定出し
内定者へのフォロー
内定者の配属先の検討・決定
研修の内容・手段の検討・決定
受け入れ準備
採用活動の振り返り

資料　新卒採用130年の歴史

		トピック
明治	1875年	慶應義塾の卒業生・荘田平五郎が三菱に入社　※新卒就職の第1号？
	1878年	東京帝国大学がはじめて「大卒者」を社会に送り出す（実業界に行くものはまれ）
	1879年	三菱が大卒者の定期採用を開始
	1887年	三井銀行による若年者の一括採用（高業績者の中には4年間で7倍に昇給するものも） →武藤山治（鐘紡）、小林一三（阪急電鉄）、藤原銀次郎（王子製紙）、日比翁助（三越）らを輩出
	1895年	高等文官試験の開始
大正	1920年頃	新卒一括採用方式が定着
	1924年	東京大学と早稲田大学が組織的に学生の就職斡旋を開始
昭和	1928年	三井、三菱、第一が中心となり「入社試験は卒業後に行う」ことを決める　⇒　就職協定の起源
	1931年	不況のため大卒者の3人に1人が就職できず　※小津安二郎監督の映画『大学は出たけれど』（1929年）
	1934年	「就職いろは歌」が「実業之日本」（昭和9年2月号）で紹介
	1938年	学校卒業者使用制限令　⇒　国家による分配
	1940年	会社職員給与令　⇒　初任給の一律化
	1946年	公務員試験（上級）の前身の高等文官試験（高文）が復活 →高文を待ってか、卒業期に就職しない 学生も大学卒の勤労者化（大学卒が現場労働者となる） →メーカーにて、まず工員として採用し、現場業務と技術を十分に知った後、成績により社員として採否を決定するという実力主義の傾向も注目
	1947年	学生の関心は、貿易とマスコミに集中
	1949年	アルバイトをしていた大学生は、「就職戦線から閉め出される」という噂が、学生たちを脅かした
	1950年	朝鮮戦争による米軍特需による、砂糖、セメント、肥料、紙といった「四白景気」により、新卒の定期採用が復活

		トピック
昭和	1952年	文部省の通達のかたちで、はじめて就職期日の指針が示される
	1953年	就職協定スタート（学生の推薦開始を10月1日以降と申し合わせ） ↓大学の就職斡旋開始は、文系10月1日、理工系10月13日 女子学生の就職問題が出る
	1954年	不況となり就職難に。新制大学の卒業生が出始める
	1955年	好況により、新卒採用数が拡大（1961年までの神武景気、岩戸景気時代） ↓企業の選考時期は、4年生の5月まで繰り上がっていた
	1960年	採用活動の早期化が社会問題化　⇓「青田買い」
	1962年	日経連が野放し宣言し、一時協定廃止
	1964年	採用活動の早期化が激化　⇓「早苗買い」「苗代買い」 ↓大学3年生の2、3月に就職が決まるのが珍しくなった
	1965年	不況が深刻に。採用ストップ企業が続出。高卒者の中には、自宅待機者も出る
	1966年	景気も回復し、企業の採用意欲はしだいに高まる ↓労働力不足から、中途採用への依存度が高まる
	1967年	企業の採用意欲が急騰 高専初の卒業生を出す↓就職決定率は100%と好調な滑り出しを見せる
	1968年	厳選主義をとる企業が多くなる 高卒者の不足から大卒者のブルーカラー化が出てくる
	1969年	大学紛争による採用内定者の留年問題が、一時各社の採用業務の混乱を招いた
	1970年	学生も3年生の12月頃から活発に会社訪問を開始　⇓「（種）モミ買い」 ↓この後、採用早期化と自由応募による就職がさらに進むが、ドルショックによる内定取り消しが続出 ↓早期化がますますエスカレート。青田買いの自粛運動の兆しが見え始める。重複内定も増加し、就職活動は混乱

昭和	トピック
1973年	文部省、労働省、日経連の間で、青田買いの自粛基準が制定 ↓会社訪問開始6月1日、選考開始7月1日
1974年	第一次オイルショック　採用縮小を心配する声も多かったが予想以上に採用意欲は高く、波乱なく終了
1975年	不況による内定取り消しの問題化 ↓労働省は大卒に関して、協定を大幅に遅らせることを提案。混乱したが、最終的には、産業界・大学界の合意を得て決定 ↓翌年1976年より、会社訪問開始10月1日、選考開始11月1日とされ、1985年まで維持された
1976年	景気がやや持ち直す。採用意欲も徐々に復活へ
1977年	円高不況　企業の倒産が続き、公務員試験に応募者が殺到 ↓「不況に強い公務員」人気や損保・銀行ブームなど、就職の「ファッション化」傾向が見られた
1978年	不況により、学生の大企業志向が強まる。オイルショック以降、大量採用で話題を呼んだ産業（外食産業、チェーンストア、ディーラー、プレハブ産業など）の「採用大手」の意欲はまだ旺盛（「第三次産業主導型就職戦線」） ↓採用の主力がメーカーから第三次産業へ移行（理工系の受け皿は拡大せず苦戦）
1979年	大手メーカーが採用を復活するなど、〝採用大手〟以外の求人増加が目立ち始める
1980年	鉄鋼、化学、合繊の市況産業が大卒採用の大幅増を打ち出す。中小企業の採用も増加
1981年	企業が新商品の開発に注力し始める。大卒の技術系は引っ張りだこに
1982年	自主協定元年。技術系主導の採用ブームは持続した一方で、事務系は抑制気味
1984年	青田買いが再びエスカレートし始める ↓就職活動に熱を上げすぎ、出席日数が不足し、留年する学生も続出。企業側の拘束も問題化
1985年	臨時教育審議会が「青田買い是正」を打ち出す
1986年	「男女雇用機会均等法」施行、一般職、総合職のコース別採用がスタート 中央雇用対策会議が文部省案の「4年制大学のみ新協定」を承認。10年ぶりに協定を改定 主要企業52社による就職協定遵守懇談会が発足

		トピック
昭和	1987年	男女雇用機会均等法と新就職協定の施行により、就職活動は大幅に様変わり →大手企業を中心に協定は遵守されるが、解禁日を境に「超・大手企業」による学生の拘束が続いた。第一志望群の企業による拘束を受けても内定を得られなかった学生が、第二志望企業群として「中堅・中小企業」への流れ、「じゃーまぁーいいか」という、「ジャマイカ現象」
		就職協定遵守懇談会、参加企業239社
		就職協定は、中央雇用対策協議会から大学等採用問題懇談会へ移行
平成	1989年	就職協定は3年ぶりに2段階方式に改定
	1990年	空前の売り手市場で、大卒求人倍率は2・86倍（1991年卒）
		「花長風月」（花：花形企業、長：長期休暇、風：社風がよい、月：月給が高い）
	1991年	3年ぶりに、開始日を20日前倒しに改定（企業等の説明および個別訪問開始：8月1日） 「大学名不問採用」の登場
	1992年	就職協定遵守懇談会が「紳士協定」 売り手市場が完全に崩壊。企業は〝質〟重視にシフト →公務員志望が激増するなど、安定志向がさらに強まる
	1993年	雇用調整によるリストラのため、新卒採用を控える傾向も
	1994年	バブル崩壊による採用手控え
	1995年	円高、阪神大震災などの影響で、企業が採用人数をさらに引き締めた
		インターネット活用の就職・採用活動元年
	1996年	日経連が就職協定廃止を通達
	1997年	就職協定の廃止 →企業・学生ともに、暗中模索の動き。活動スケジュールは、1ヶ月の早まりが見られ、各プロセスのピークも分散化が見られた
		外資系企業への人気が高まる

平成	トピック
1998年	日本経団連「倫理憲章」を制定 コンピュータの「2000年問題」により、一部の企業で採用意欲が高まるが、全体的には採用予定数は減少へ
1999年	大卒求人倍率が、1・00倍（0・99倍：2000年卒者対象）を下回る ベンチャー企業への就職志向が高まる
2000年	ITビジネスをグローバル展開するメーカーや外資提携で再編が進む自動車メーカーへの人気が上昇 大卒者の無業者化が問題視（2000年卒者で無業者が2割を超える）。フリーター増加の問題も浮上
2001年	採用意欲が多少回復
2002年	景気低迷の中、好業績である自動車メーカーをはじめとする製造業や流通業での採用予定数が増加
2003年	業績の好調企業群や新規事業展開・店舗拡大に伴う増員計画などにより、採用予定数が微増 運輸、旅行業界へ志望傾向が鮮明に
2004年	大手・中堅企業では採用数倍増に対して、中小・零細企業では、低迷不調により採用数減
2005年	景気回復とともに、大企業から中小企業まで採用意欲が増す
2006年	企業の採用意欲は拡大し、採用予定数はバブル経済期に次ぐ人数に
2007年	企業の採用意欲はさらに拡大し、採用予定数は、バブル経済期を上回る。大卒求人倍率も2・14倍（2008年卒）と16年振りに2倍を超える
2008年	企業の採用意欲は高止まり。採用予定数も過去最大に リーマン・ショックにより景気悪化へ（9月以降）。派遣切りなど社会問題化 春先の採用意欲も減退傾向が見られ、一部に内定取り消しも見られた
2009年	採用予定数は減少したが、新卒採用自体への意欲はある状況 ↓中途採用を止めても、新卒採用を行う企業が見られた

出所：『「新卒採用」の潮流と課題』（リクルートワークス研究所）

第2章　採用活動①　事前準備

1　採用コンセプトを決める

そもそも新卒採用を行うメリットとは

まずは原点に立ち返り、「自社が新卒採用を行う目的は何なのか」「新卒を採用することで、自社にどのような効果を期待しているのか」を明確にしましょう。

一般的には、新卒採用には次のようなメリットがあると考えられています。

・組織の活性化

凝り固まった組織に新しい風を吹き込む。意欲と情熱を持って入社してくる新人の姿は、既存社員の刺激になり、モチベーションを喚起する。新人は社会人経験がないだけに、固定観念に縛られることもなく、新しい視点や発想をもたらしてくれることもある。

・既存社員のレベルアップ

先輩社員は、新人を指導することで基本に立ち返ることができ、仕事を新人に渡すことで、さらにレベルの高い仕事にチャレンジするきっかけにもなる。

・組織の年齢構成のバランス調整
幅広い年代の知識と視点を持って事業に取り組める。次世代のリーダーを育てられる。
・経営理念やビジョンの浸透
大切な場面で意思決定を行うもととなる理念・ビジョンが、建前だけになっているケースも多い。まっさらな状態の新卒者には、理念やビジョンを注入しやすい。

新卒採用の目的に応じ、求める人物像・選考方法を考える

新卒採用にどのような効果を期待するかで、どういうタイプの人物を採用すべきかも変わってきます。例えば、「次世代リーダーを育成したい」→「マネジメント志向・適性を持つ学生」、「組織に刺激を与えたい」→「挑戦心や探究心が旺盛な学生」、「理念・ビジョンを継承したい」→「理念に共感してくれる学生」……といったように、目的に応じたターゲット像を設定しましょう。

続けて、「どんな情報発信をすることで、ターゲットとなる学生が来てくれるか」「求める人物像に合っているかどうかを確認するためには、どんな面接を行えばいいか」など、行動計画に落とし込んでいきます。

入社後の不適応を起こさせない採用計画を

厚生労働省の調査によると、新卒大学生の約３割が入社３年以内に離職しています。しかもその内訳を見ると、１年以内の離職が多いということがわかります。採用を行う際には、「入社後の定着」も意識して計画を立てる必要があるといえるでしょう。

早期退職は多くの場合、下記２つの「不適応」が大きく関係しています。

・職務との不適応

本人の思考やスキルが、仕事で求められるそれと合っていない。

・職場との不適応

本人の価値観や性格、物事の進め方などのスタイルが、職場のそれと合っていない。

こうした入社後の不適応が起こり得ることを、採用方針を立てる段階で意識しておいてください。そして、それを予防するような情報提供、コミュニケーションを行いましょう。

2　求める人材要件・人材像を設定する

「採用したい人」と「採用すべき人」は違う

採用活動を始める前には、「求める人材像」を明確にしなければなりません。ここがあいまいなままだと、学生と対面した際に、「一緒に働きたい」「仲間に加えたい」などと感覚的に選んでしまいがちです。印象や感覚だけを基準にすると、結果、「先輩社員には可愛がられるけれど仕事で成果を出せない」「和気あいあいと和やかな職場だが成長は鈍い」といった事態を招くことになります。「採用したい人材」と「採用すべき人材」は分けて考えるべきなのです。

WANTは置いておいてMUSTを決める

「どんな人物を採用したいか」と、学生に求める要素を挙げていくと「あれもこれも」とつい上積みして、スーパーマンのような人材要件が出来上がってしまうものです。そんな学生を獲得できる確率は非常に低いのは言うまでもありません。そこで、求める要素について、

「すでに備えていてほしい」ポイントと「自社で育てられる」ポイントを分ける必要があります。

入社時点ではできなくても、仕事を始めてみると才能が開花する可能性もあります。そこは、企業が能力を引き出し、育てるように努力すべきところです。「WANT」（あると望ましいもの）はいったん捨てて、「MUST」（必須なもの）は何かをしっかり定めてください。その軸をはっきりさせておけば、学生を選ぶとき、判断に迷うことはなくなるはずです。

業種・職種・ワークスタイルをふまえ、必要な能力を考える

例えば、一口に「営業職」といっても、扱う商材や顧客層によって「お客さまの話にじっくり耳を傾ける」「効果的なプレゼンテーションができる」「納品スケジュール管理がきっちりできる」など、必須な能力は異なります。商談から契約成立までにかかる時間が数十分なのか数カ月間なのか、また、個人で動くかチームで動くかなど、仕事の進め方やワークスタイルによっても必須な能力は変わってきます。自社のビジネスにとって外せない要素は何なのかを明確にしておきましょう。

求める能力を定義するにあたっては、図表2－1も参考にしてください。

図表2－1　基礎力（コンピテンシー部分）

対人能力	親和力	**他者との豊かな関係を築く** 親しみやすい、気配り、対人興味、共感・受容、多様性理解、人脈形成、信頼構築
	協働力	**目標に向けて協力的に仕事を進める** 役割理解、連携行動、情報共有、相互支援、相談・指導、他者の動機づけ
	統率力	**場をよみ、組織を動かす** 意見に耳を傾ける、意見を主張する、建設的・創造的な討議、意見調整・交渉・説得
対自己能力	感情制御力	**気持ちの揺れを制御する** セルフウェアネス、ストレスコーピング、ストレスマネジメント
	自信創出力	**前向きな考え方ややる気を維持する** 独自性理解、自己効力感、楽観性、学習視点、機会による自己変革
	行動持続力	**主体的に動き、良い行動を習慣づける** 主体的行動、完遂、良い行動の習慣化
対課題能力	課題発見力	**課題の所在を明らかにし、必要な情報分析を行う** 情報の収集、本質理解、原因追及
	計画立案力	**課題解決のための適切な計画を立てる** 目標設定、シナリオ構築、計画評価、リスク分析
	実践力	**実践行動をとる** 自ら行動を起こす、行動の修正・調整、結果の検証・改善

出所：大久保幸夫『キャリアデザイン入門（Ⅰ）基礎力編』（日経文庫、2006年）

＜コンピテンシーとは＞
高い成果・業績をあげている社員の行動特性。偏差値や知識などとは異なり、成果につながる行動の特徴を指す。

また、社内でハイパフォーマンスを挙げている社員がいて、その人のような人物が欲しいとする場合、その社員の持つスキル・価値観・志向といったものを洗い出して要件として定義する方法もあります。

会社の戦略・組織の課題をふまえ、必要な能力を考える

求める人材要件を定めるにあたっては、「自社が今後どのように事業を展開していくのか」「組織面でどんな課題を抱えており、どんな組織体制を目指していくのか」といった視点も大切です。

例えば、あるIT関連機器メーカーでは、国内市場中心から海外市場への展開を図っていこうとしていました。また、会社規模がある程度大きくなり、社長の指示だけで引っ張っていくことが難しいという課題を抱えていました。そこで、必要な人材要件として挙げたのは「主体性があり、自分自身で考えて行動を起こせる人」「未知のことにチャレンジする意欲が強い人」です。しかし、仮にその会社と同業種・同規模の会社であっても、すでに市場開拓が一段落して軌道に乗った状態にあり、これまでの路線で安定的に拡大していく戦略を取っているような企業であれば、ふさわしい人材像は変わってくるでしょう。もしかすると「チャレンジ精神」よりも「堅実さ」の方が必要な要素となるかもしれません。

求める人物像を決めるために「過去の採用」を振り返る

これまで自社が行ってきた採用について、その選考方法と結果を検証してみるのも有効です。「○○なところを高く評価して採用を決めたが、活躍できず辞めていった」「△△の力を見込んで採用を決めたが、入社後はむしろ□□の能力が発揮された」「採用時、××なところが不安だったが、逆にそれを活かしたスタイルで業績を挙げた」など、選考時の評価と入社後の結果にギャップがある社員もいるのではないでしょうか。そうした採用経験からも、自社にマッチする要素・マッチしない要素が浮かび上がってきます。

経営陣から現場まで、選考基準を共有する

中小企業のオーナー社長などで、自身がエネルギッシュに事業を拡大してきた人は、学生に対してもそうした資質や姿勢を求めてしまうことがあります。「主体性が高く、自分で判断して行動を起こせて、コミュニケーション力が高くなければ務まらない」というようにです。

特にこれまで中途採用しか行ってこなかった場合は、即戦力性を重視し、新卒の能力に対して物足りないといった見方をしがちです。人事担当者や現場の採用担当者が選考を通過させても、最終面接で社長が全員落としてしまう、ということもあったりします。

ちなみに、適性検査ツールを提供している会社が、企業に対して「求める人材要件」の調査を行ったところ、経営陣・現場担当者・人事担当者の考えが一致しない企業が多いという結果が出ています。経営陣は長期的視点で考え、現場は即戦力を求め、人事担当者は「採用

しやすさ」といった現実性を加味するといったように、置かれた立場によって評価基準にズレがあるのです。

求める人材像を設定する際には、経営陣と現場の社員が考えを出し合い、すり合わせを行った上で、面接担当者全員が共有しておかなければなりません。現場の意見を聞かず、経営陣の意向だけで推し進めると、せっかく採用した新卒社員が現場になじめずに退職してしまうだけでなく、既存社員からは、「経営陣は人を見る目がない。現場をわかっていない」という不満が出るかもしれません。

3 採用手法・採用ツールを選ぶ

それぞれの手法のメリット・デメリットを把握する

新卒採用の方法・ツールにはいろいろな種類があります。それぞれにメリットとデメリットがありますので、それをふまえた上で自社に合っていると思われるものを選んでください。

大学への求人票提出

各大学のキャリアセンター（就職課）などの専門窓口に求人票を提出すると、受け付けた大学側が、ファイリングしてキャリアセンターでの閲覧を可能にしたり、掲示板に貼り出したりしてくれます。最近では求人票をデータベース化し、学外からでも検索・閲覧できるような大学専用の就職情報サイトを設置している場合もあります。求人票は各大学専用のフォーマットに従って記入する必要があります。

〈メリット〉

・コストがほとんどかからない
・勤務地に近い、自社事業に関連する専攻分野を有するなど、特定の大学や学部に狙いすましてアプローチできる

〈デメリット〉

・大学ごとにアプローチが必要なので、数多くの大学に提出したい場合は手間がかかる
・中には、キャリアセンターの利用率が低い大学もあり、網羅性に欠ける場合がある

〈コスト〉

・基本的にゼロだが、最近求人票データベース掲載を有料にする大学も見られ始めている

大学への紹介依頼

大学のキャリアセンターなど就職窓口担当を訪ね、自社の事業内容や社風、採用実績などについて直接アピールし、自社に合う学生の紹介を依頼する方法です。また、教授に個別にアプローチする方法もあります。

大学に求人票を提出する企業は多数あります。その中でも自社の求人を積極的に学生に紹介してもらうためには、大学との関係性構築が不可欠です。求人を行う際のみでなく、採用後にも訪問して活動報告をし、継続的な関係づくりを心がけるとよいでしょう。

〈メリット〉

・知名度が低い企業でも、キャリアセンターを通じたＰＲによって認知度を高められる
・特定の学科やゼミ、研究室に絞ったアプローチができる

〈デメリット〉

・各大学のキャリアセンターや教授などを個別に訪問する労力がかかる
・紹介された学生を不採用にしづらい

〈コスト〉

・大学訪問のための交通費程度

就職情報サイト（総合型）の一例

アクセス　就活ラボ　https://www.ac-lab.jp/
学情ナビ　http://company.gakujo.ne.jp/
就職ウォーカーNet　http://s-walker.net/
ダイヤモンド就活ナビ　http://www.shukatsu.jp/
日経就職Navi　https://job.nikkei.co.jp/
文化放送就職ナビ　http://bunnabi.jp/
マイナビ　http://job.mynavi.jp/
リクナビ　http://job.rikunabi.com/

※公益社団法人　全国求人情報協会加盟企業が運営する主な就職情報サイト（社名五十音順）

就職情報サイト

広告掲載料を支払い、採用情報を掲載します。総合型サイトのほか、特定の地域や専攻分野の学生をターゲットにした特化型サイトもあります。

〈メリット〉
・就職活動を行う学生の大半が利用するため、採用情報を広く告知できる
・自社に興味を持った学生による採用母集団を、一定規模で形成できる

〈デメリット〉
・最終的な採用決定者を母集団から絞り込む必要があるため、労力がかかる
・ある一定時期に学生からのコンタクトが集中する場合がある

・大手企業、人気企業も多数掲載されており、採用での競合となる
・採用できる、できないにかかわらず、掲載料がかかる

〈コスト〉

・ワンシーズン（一採用年度）の参画・掲載費の相場は30万〜300万円

ハローワーク

厚生労働省の「新卒応援ハローワーク」は47都道府県の全てに、計63カ所設置されています。求人票をハローワークに提出すれば、登録している学生や既卒者の紹介を受けられます。
また、ハローワークでは、「ハローワークインターネットサービス（https://www.hellowork.go.jp/index.html）でも求人情報を公開しています。「一般（フルタイム）」「一般（パート）」と並んで「学生」向けの求人も掲載されており、その数は3・9万件（2014年9月時点）にものぼっています。このサイトを経由して学生から企業に直接連絡があるのではなく、学生が気になる企業をハローワークに照会し、ハローワークが企業に橋渡しをするという仕組みです。

〈メリット〉

・採用コストはほとんどかからない（時期や条件によって助成金が支給されることもある）

・公共機関を通じて募集を行っているのは中小企業が中心。大手企業と競合することが少ない

・特定の地域に絞った採用活動ができる

〈デメリット〉

・幅広い学生には出会いにくい（就職情報サイト・新卒紹介・学校推薦など他のルートで内定に至る学生が少なくないため）

〈コスト〉

・基本的にゼロ

合同会社説明会・就職フェア

１つの会場に多数の企業が集まり、学生に対して会社説明会を行うイベント。企業ごとにブースを設けて学生の訪問を受けるスタイルが多く、採用担当者は学生と直接対話ができます。大学、ハローワーク、商工会議所、自治体、就職情報会社などが運営しています。

〈メリット〉

・学生と直接対面し、自社をＰＲしたり、口説いたりすることができる
・知名度のハンディをある程度払拭することができる
・民間主催の場合、担当営業から出展に関するアドバイスやノウハウの提供、運営サポートが受けられる
・主催者がメディアを使って宣伝したり、自社サービスの利用会員向けに告知したりして参加者を集めるため、自社独自で参加者を募る必要がない
・自社で会場を手配する必要がない

〈デメリット〉

・来場している学生の中には、出展企業をほとんど理解しておらず志望動機が希薄な人も少なからず含まれる
・学生をブースに呼び込むための仕掛け、配布資料、掲示パネルなど、一定レベル以上のプレゼンテーションのノウハウや工夫が必要

〈コスト〉

・大学・商工会議所・自治体・ハローワークなどが主催している合同説明会は出展料無料

のものが多いが、中には有料のものもある
・民間の就職情報会社が主催する場合、基本出展料は10万～50万円など。ブースのサイズによっても大きく異なる。時期が遅くなればなるほど料金は下がる傾向。また、備品レンタル、ブースの装飾、映像機器の持ち込みなど、オプション料金も発生する

人材紹介

中途採用における人材紹介と同様のシステムで、卒業見込みの学生を企業に紹介するサービスです。会社によっては、「理系」「大学院卒」「留学生」といった特色を打ち出しています。

〈メリット〉
・多くは成功報酬制だが、その場合、内定を出すまではコストがかからない。少人数の採用であれば、採用コストが抑えられる
・紹介会社によって1次選考された人材が紹介される
・急な採用にも対応できる
・紹介会社が学生に対して自社のＰＲを行うなど、志望動機の形成についてもサポートが受けられる

〈デメリット〉

・大量人数を採用する場合、採用コストが高くつく
・人材紹介会社が集めた母集団の中からしか採用できず、出会いのチャンスが限定的

〈コスト〉

・成功報酬制：採用1人当たり約50万円〜（理系、大学院卒など、対象を限定した採用の場合は採用単価が上がる傾向）

採用代行・アウトソーシング会社に依頼する方法も

採用活動に関われるスタッフの数が少ない場合、「採用代行・アウトソーシング会社」を利用する方法もあります。採用業務は、情報公開、応募書類受付、選考、応募者とのやりとりなど多岐にわたります。細かな事務作業はアウトソーシングし、自社スタッフは面接などの中核業務のみに集中すれば、負担を軽減することができるでしょう。専門ノウハウを持つ会社に任せれば、効果的なアピールが可能になりますし、「やって当たり前」のことを見過ごしたり基本的なミスをする心配もありません。ただし、少人数を採用する場合はコストが割高となります。

依頼する場合には、業者選定にも注意が必要です。採用活動には法令を順守すべき場面や業務が多数ありますが、それが守られない恐れもあります。業者を選ぶ際には、「プライバシーマーク（Ｐマーク）」※)を取得しているかどうかも1つの目安となります。

かかる費用を算定し、予算を確保する

採用活動には当然ながら経費がかかります。どんな採用手段・ツールを使用するかにより、その金額が大きく変わります。採用活動で発生する費用の代表的なものをご紹介します。

・就職情報サイトへの掲載料（使用する機能やサービスによりオプション料金も発生）
・合同会社説明会への参加費、備品レンタル費
・単独で会社説明会を開催する場合の会場費、備品レンタル費
・会社パンフレットの制作費、印刷費
・ホームページ内の採用情報ページの制作費

※)プライバシーマーク＝一般財団法人日本情報経済社会推進協会（ＪＩＰＤＥＣ）が、個人情報保護に関して一定の要件を満たした事業者に対して使用を認める登録商標。

・採用のための出張経費
・内定者の懇親会費
・入社前研修費

これに加えて、採用活動に携わるスタッフの「人件費」も想定する必要があります。また、現場の社員が採用活動に従事する間、本来業務が行えず売上や利益減につながることもあります。それもふまえ、何にコストをかけるかを検討しましょう。コストがかかっても外部サービスを利用した方が、トータルで見ると有益である場合もあります。

4　採用活動の「パートナー」を得る

大学のキャリアセンターを訪問

学生の就職活動のスタイルはさまざまです。就職情報サイトで独自に情報収集してエントリーする学生もいれば、大学のキャリアセンター（就職部）やゼミの教授に相談する学生もいます。そこで、大学の就職担当者にアプローチし、自社を知ってもらうことで、学生とのパイプ役になってもらえる可能性があります。なるべくなら人事担当の役職者が訪問するのが有効です。採用意志の強さが伝わり、相手の印象に残りやすいでしょう。訪問先の大学出身の社員も同行すればなお効果的です。「御校の学生さんとのよい出会いがあるようにバックアップしてほしい」といったようにお願いします。

就職情報サイト運営会社の営業担当者に相談

利用したい就職情報サイトに連絡し、コンサルタントや営業担当者に来てもらいます。相手は採用のプロなので、広告掲載依頼を受け付けるだけでなく、採用活動のノウハウや成功のための秘訣について情報やアドバイスを得られます。自社と同じような規模・条件の採用企業について、「こんな工夫をしたことで成功した」といった事例を聞き、参考にすることもできるでしょう。

5　採用情報を準備し、求人票・求人広告を作成する

会社・募集条件・労働条件の情報を揃える

求人票や求人広告を作成する際に必要な情報を整理しましょう。必要となる項目には次の

ようなものがあります。

〈会社に関する情報〉

社名／本社所在地／電話番号／ホームページＵＲＬ／代表者名／事業内容／事業所／従業員数／設立年／資本金／売上高　など

〈募集に関する情報〉

採用予定人数（文系・理系、職種別）／募集職種／募集雇用形態／提出書類／提出先／応募資格／応募受付開始時期／応募受付締切日／選考方法　など

〈労働条件・処遇に関する情報〉

給与（初任給）／賞与／勤務時間／休日・休暇／福利厚生／勤務地（複数の事業所がある場合）　など

学生が知りたいと思っている情報を打ち出す

求人票や求人広告を見る学生が「何を知りたがっているか」をふまえ、それに応える情報を提供しましょう。

学生が就職活動中に知りたいと思っていたことは何かをたずねた調査があります（図表2－2）。「知りたかった情報」として上位に挙がったのは「具体的な仕事内容」「企業が求めている具体的な能力・人物像」「採用選考の基準」。次いで「仕事のやり方・進め方」「入社後の教育・研修制度」「初任給」「社員の労働時間」「社内の人間関係」なども、情報を求める人の数が多かった項目です。

女子学生が注目する項目の情報も用意

優秀な女子学生を集めたいなら、女子学生が注目するポイントについて情報を用意しておきましょう。

女子学生が重視している項目は、例えば、次のようなものです。

・産休・育児休暇制度
・育児支援制度（短時間勤務制度・在宅勤務制度など）
・復職制度（出産・介護など家庭の事情などにより退職した社員を再雇用する）
・女性社員の平均勤続年数
・女性社員の比率／女性の管理職比率

図表2－2　就職活動中の学生が「知りたいと思っていた」情報

（学生全体／「知りたいと思っていたもの」：複数回答、
「特に知りたいと思っていたもの」：3つまでの複数回答、
「知ることができたもの」：複数回答）

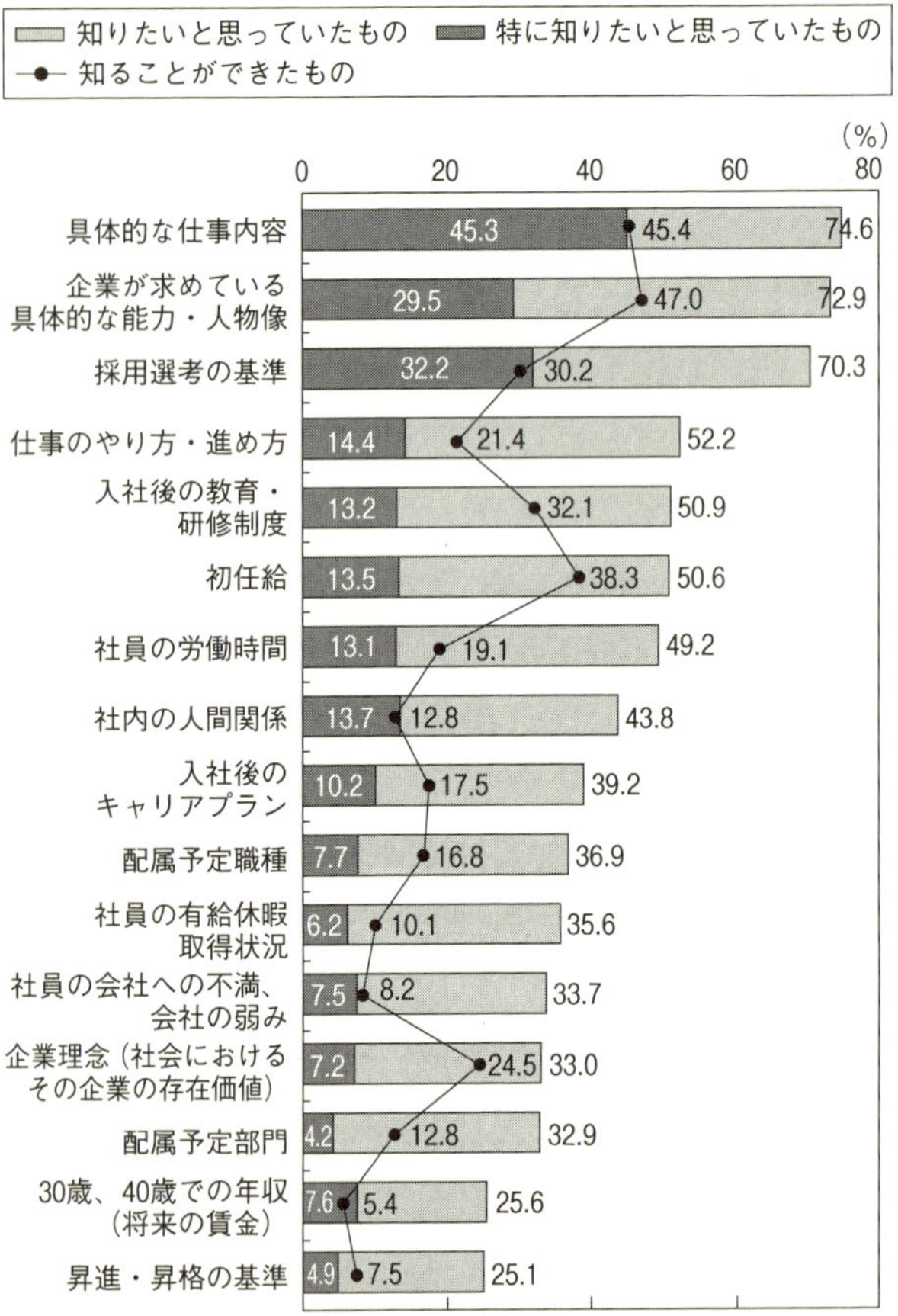

出所：『就職白書2014―採用活動・就職活動編―』（就職みらい研究所）

また、「くるみんマーク」を取得するという方法もあります。くるみんマークとは、一言でいうと「子育てサポート企業の証」。次世代育成支援対策推進法に基づいて行動計画を策定し、行動計画に定めた目標を達成して一定の基準を満たした企業は、厚生労働大臣より「子育てサポート企業」の認定を受けることができます。認定を受けた事業主は、次世代認定マーク（くるみんマーク）を商品・広告・求人広告などにつけて、子育てサポート企業であることをアピールすることができます。なお、「くるみん」を取得した事業主には税制優遇制度も設けられています。

認定基準や申請の手続きなどくわしい情報については、厚生労働省のホームページなどで確認してください。

自社のブランディング――強み・魅力を打ち出す

学生の興味を引き、入社への意欲を高めるためには、自社の魅力をしっかりと伝えなければなりません。

社会心理学において、ヒトがヒトの共同体に参画する誘因は４つに大別できるとされています。「目標への共感」「活動内容の魅力」「構成員の魅力」「特権の魅力」です。

図表2－3　共同体に参加する4つの誘因
＋就職先検討の8つの魅力因子

●8つの魅力因子：社会心理学における、人の共同体参加誘因4つを就職先検討の場合に置き換えたもの

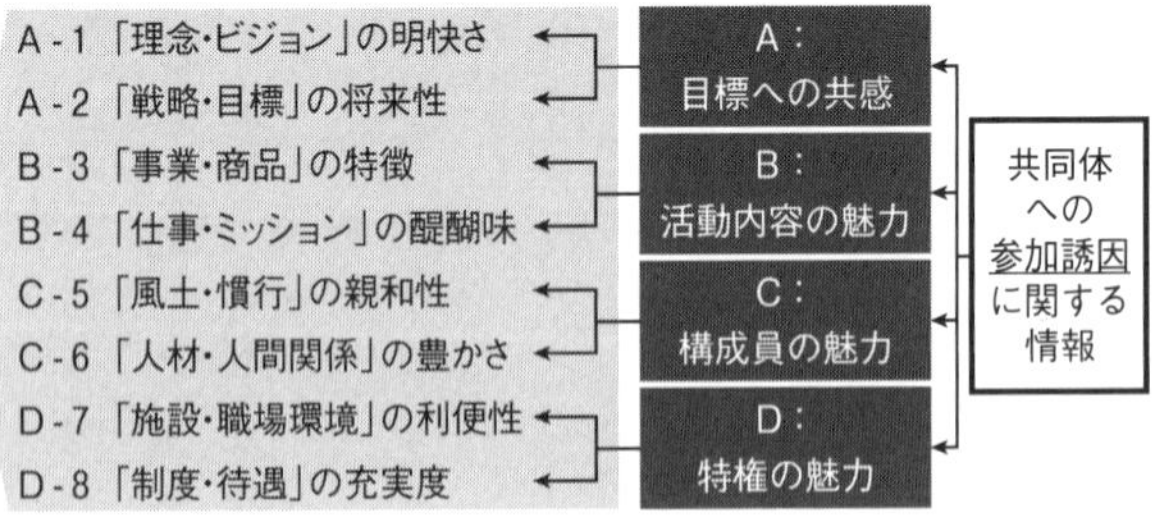

それを就職先検討に置き換えたのが、次の8つの魅力因子です（図表2－3）。

この8つの因子のうち、どれを重視するかは人によって異なります。企業側としても、どれが「売り」になるかはそれぞれです。

自社の強みとなるのは、どの因子なのかを考えてみてください。明確でない場合は、社内でモチベーション高く頑張っている社員にヒアリングをしてみましょう。「きみはこの会社のどういう部分に魅力を感じているのか？」といったようにです。その答えをひも解いていくと、自社の魅力因子が浮き彫りになってきます。その魅力因子を求人広告で打ち出すとともに、学生とのコミュニケーション時に伝えるようにします。

図表2-4　新入社員へのアンケート調査「あなたはどのような特徴を持つ職場で働きたいですか？」

（%）

選択肢（選択率順）	2014年	2013年	2010年	前年との比較	5年間の変化
お互いに助けあう	52.7	53.0	48.0	−0.3	4.7
アットホーム	42.5	44.2	43.0	−1.8	−0.5
活気がある	40.2	44.6	44.0	−4.4	−3.8
皆が一つの目標を共有している	36.4	36.5	34.0	−0.1	2.4
遠慮をせずに意見を言いあえる	35.3	36.9	40.0	−1.5	−4.7
お互いに個性を尊重する	31.6	28.9	27.0	2.7	4.6
お互いに鍛えあう	21.6	24.8	25.0	−3.3	−3.4
ルール・決め事が明確	10.1	9.1	12.0	1.0	−1.9
その他	0.9	0.5	0.0	0.4	0.9

図表2-5　「あなたがこれから身につけたい・伸ばしたいと思っている力は何ですか？」

（%）

選択肢（選択率順）	2014年	2013年	2010年	前年との比較	5年間の変化
コミュニケーション力	57.5	64.0	63.0	−6.6	−5.5
専門知識	35.5	33.8	36.0	1.7	−0.5
マナー	28.0	26.6	28.0	1.4	0.0
プレゼンテーション力	25.3	31.8	26.0	−6.6	−0.7
論理的思考力	24.2	23.1	22.0	1.1	2.2
交渉力	23.1	22.8	23.0	0.3	0.1
語学力	20.1	17.8	18.0	2.3	2.1
チームワーク	19.9	20.0	20.0	−0.1	−0.1
リーダーシップ	15.5	16.1	15.0	−0.6	0.5
文章力	14.1	11.8	13.0	2.3	1.1
PCスキル	12.4	11.2	12.0	1.2	0.4
資格	7.6	8.4	12.0	−0.8	−4.4
その他	0.3	0.6	0.0	−0.4	0.3

図表2－6　「あなたが仕事・職場生活をする上で不安に思っていることは何ですか？」

（%）

選択肢（選択率順）	2014年	2013年	2010年	前年との比較	5年間の変化
仕事についていけるか	58.0	60.3	59.0	−2.3	−1.0
先輩・同僚とうまくやっていけるか	38.0	39.7	37.0	−1.8	1.0
自分が成長できるか	37.7	36.3	36.0	1.4	1.7
私生活とのバランスが取れるか	31.8	30.3	31.0	1.5	0.8
生活環境や習慣の変化に対応できるか	28.6	28.0	27.0	0.7	1.6
上司とうまくやっていけるか	24.9	27.7	26.0	−2.8	−1.1
十分な収入が得られるか	14.3	15.1	14.0	−0.8	0.3
やりたい仕事ができるか	13.1	14.1	14.0	−1.0	−0.9
会社の風土が自分に合ったものか	7.4	7.9	6.0	−0.5	1.4
雇用が継続されるか	3.9	4.5	8.0	−0.6	−4.1
その他	2.3	1.2	2.0	1.1	0.3

出所：図表2-4、2-5、2-6とも『2014年新入社員調査』（リクルートマネジメントソリューションズ）

また、学生が「どんな職場で働きたいか」「身につけたい・伸ばしたいと思っている力」「仕事・職場生活をする上で不安に思っていること」について調べた調査もありますので、参考にしてください（図表2－4、2－5、2－6）。

魅力が伝わる表現方法を工夫する

「自社の強み・魅力とはこれです」と、そのまま伝えても学生はピンと来ません。その魅力を象徴するような、具体的なエピソードを盛り込むといいでしょう。

学生にとっては、自分に近い立場の若手社員が経験談を語れば、共感しながら読んだり聴いたりすることができます。

ユニークな社長、人を惹きつける力が強い社長であれば、社長自らが登場してメッセージを送るのも有効です。そのほか、社内に根づいている習慣や行事、イベントなども注目を集めやすいコンテンツです。行事やイベントに対する社員の取り組み姿勢も伝えてください。

また、学生が自分自身の「将来像」を描けることも大切です。単に「研修」「ＯＪＴ」といった教育制度の単語を並べるだけでなく、会社が人材育成に対してどんな思いを抱いているのか、社員の成長やキャリアビジョン実現のためにどんなバックアップをするのかを示しましょう。あわせて、学生にとってロールモデルとなるような、憧れの対象となる先輩社員の姿を見せるのも手です。

6　自社ホームページの採用ページを充実させる

応募意欲、入社意欲を喚起させるページに

就職情報サイトや会社説明会で知った会社に興味を持ち、ホームページ（以下、ＨＰ）にアクセスしたらガッカリ……というのはありがちなこと。逆に、ＨＰを見て興味を持った学生が会社説明会に足を運んだり、応募を決意することもあります。ＨＰは応募受付開始から選考終了まで長期にわたって見られるだけに、魅力を感じてもらえる内容にしたいものです。

就職情報サイトでは、載せられる情報内容に制限があったり、スペースが限られていたりしますが、自社採用ページならコンテンツを自由に決められるので、そのメリットを最大限に活かしてください。「HPのセンスがいい」というだけで、かなりのポイントアップとなります。例えば、写真を盛り込んで、商品・サービスの特徴、仕事・職場・社員の雰囲気などが明確にイメージできるようにしましょう。トップからのメッセージ、先輩社員のインタビューや体験談、学生の疑問に答えるQ&Aコーナーなども欠かせません。

HPを作り込もうとするとコストはかさみますが、採用担当者が百の説明をするよりも伝わりやすい場合もあり、入社後の「こんなはずじゃなかった」を減らすことにもつながります。

また、HPにはブログやSNSなど、双方向コミュニケーションを取れる機能も備えておくといろいろと活用できます。

7　活動計画を立てる

時期に応じて、採用活動ツールの使い方や学生への対応法を変える

採用活動の解禁日が近づいてきたら、活動計画を具体的に詰めていきます。ここで特に意識しておきたいのは、単に「○月×日と○月×日に合同会社説明会に参加する」というだけでなく、そのイベントにおける目的と目指すゴールを定義することです。

一口に「会社説明会」といっても、どの時期に行うかによって機能は変わってきます。例えば、解禁初期の時期であれば、まずは「母集団形成」を目標とするのがいいでしょう。この段階で学生に「すぐにでも面接を」と持ちかけたなら、まだ情報収集を始めたばかりで面接に向かう心構えもできていない学生は困惑してしまいます。興味を引きつけておき、単独の会社説明会や見学会に呼び込む算段をする方が有効です。逆に、学生が他社の面接をどんどん受けているような時期であれば、うかうかしていられません。会社説明会の後に、そのまま希望者を選考する「説明選考会」を導入する手もあるでしょう。

図表2-7　採用コミュニケーション設計の「6W1H」フレーム

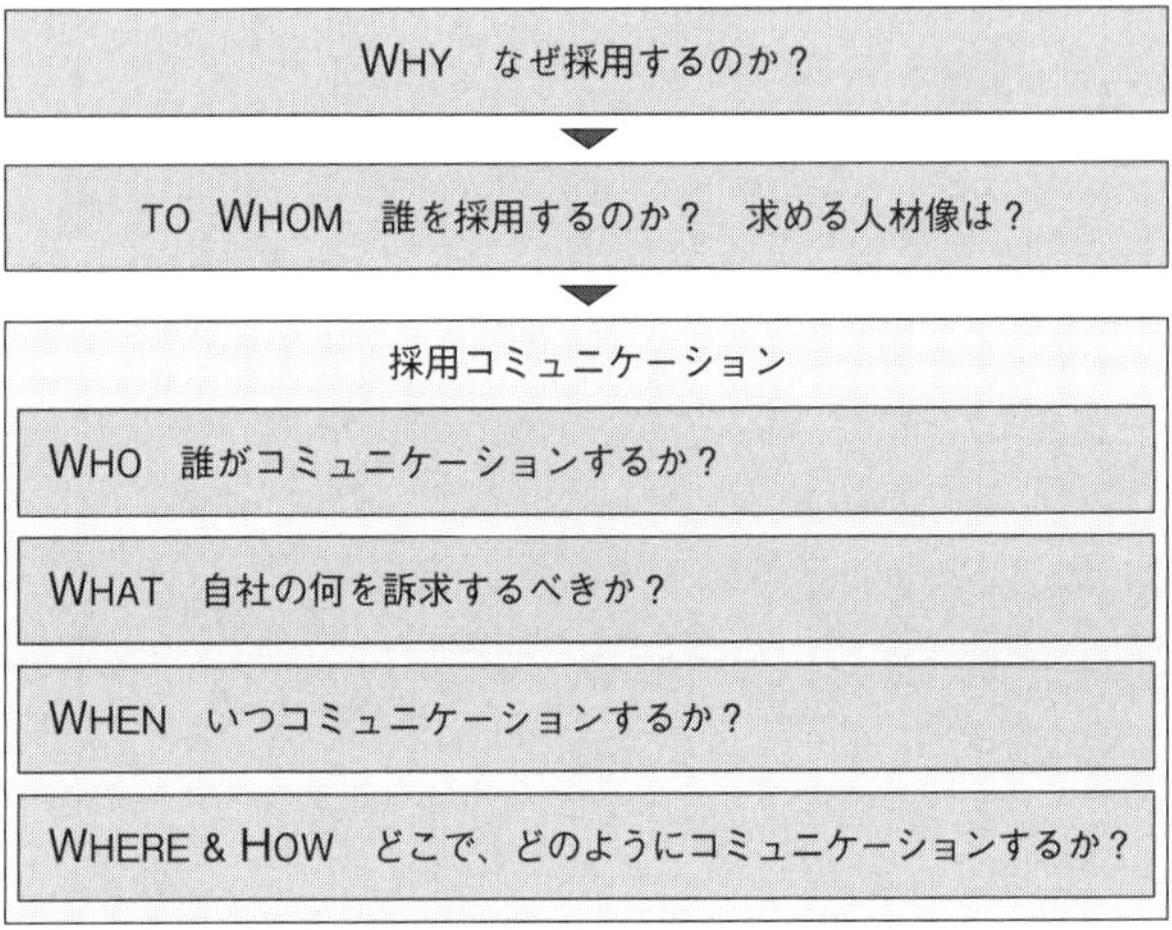
WHY　なぜ採用するのか？
TO WHOM　誰を採用するのか？　求める人材像は？
採用コミュニケーション
WHO　誰がコミュニケーションするか？
WHAT　自社の何を訴求するべきか？
WHEN　いつコミュニケーションするか？
WHERE & HOW　どこで、どのようにコミュニケーションするか？

このように、学生の就活トレンドに合わせて、会社説明会を「情報提供」の場にするのか、「選考」の場にするのかなど、活かし方を変えていくことが重要です。これは就職情報サイトを通じた募集でも同じです。エントリーがあった際に、それを「母集団」ととらえて次のアプローチの機会まで温めておくのか、すぐに接触を試みるかは、時期によって行動を変える必要があります。

採用コンセプトを決め、その具体策の検討を一通り終えたら、採用コミュニケーション設計の「6W1H」のフレームを用いて整理し、全体が一貫しているか、ヌケモレはないかなどを確認しておきましょう（図表２－７）。

８　社内に採用活動方針を伝え、協力体制を築く

現場の採用担当者を選定

会社説明会を開催するにあたっては、学生と話をしたり面接を行う社員を現場から派遣してもらう必要があります。まずは採用の意義・方針を現場に伝え、業務への支障を最小限に抑えるスケジュールを組んで協力を仰ぎましょう。

第１章でも説明したとおり、学生が企業を選ぶ基準として「一緒に働きたい人がいるか」が重視されています。学生と円滑なコミュニケーションが取れる人物、学生に「この人から学びたい」「この人のようになりたい」と思わせるような人物を選びたいものです。

大手企業の場合、学生は面接担当者に好感を抱いたとしても、一緒に働ける可能性はほぼないとわかっています。一方、中小企業の場合は、面接担当者からの「一緒に働こう」「同じフロアにいるからずっと見ているよ」という言葉は、入社を決意させるキラートークになり得るのです。

「社員によって話す内容がバラバラ」にならないように

採用コンセプト、求める人材像、学生にアピールするポイントが定まったら、それを社内に周知させ、共有する作業が欠かせません。「使うワード」も統一させましょう。

応募した学生にとって、1次面接で人事が話した内容と2次面接で現場スタッフが話した内容にズレがある、あるいは1次・2次面接で聞いた話と最終面接での社長の話が食い違っている……といったことは一気に気持ちが冷める要因となります。

そもそも中小企業を志向してくる学生は、一体感を感じられる組織や風土に魅力を感じていることも多いのです。そのメリットが失われ、幻滅させてしまうことのないようにしましょう。

面接担当者のトレーニングを行う

面接担当者に必要とされるスキルとしては、次の5つが挙げられます。

・応募者にプラスの印象を与える面接マナー
・自社の魅力を伝えるプレゼンテーションスキル
・応募者が抱いている思いや考えを引き出すリスニングスキル

・応募者に対し、「なぜ自社に入社すべきか」を語る説得力
・応募者の資質や能力を見極める洞察力

現場スタッフは「面接のプロ」ではないため、いきなり完璧にこなすことは難しいと思います。これらを身に付けるために、まずは次のようなことを意識してみてはいかがでしょうか。

・自社の魅力についての再認識
・自社の発展に貢献する意欲
・応募者の立場に立った心遣い、思いやり
・自分が果たすべき役割、仕事への責任感

つまりは、会社や仕事への思いを見つめ直し、人に対して関心を持つということです。

とはいえ、面接スキルはやはり場数を踏むことで磨かれます。社員同士で「模擬面接」などを行い、練習してみるのもいいでしょう。例えば、若手社員に応募者の役をしてもらい、質疑応答を行ってみます。面接担当者がどういう言葉がけをすればスムーズに話しやすくなるか、どういう口調で話せば好印象を持つか、面接担当者役の表情や仕草で気になることはあるか――など、学生役の視点から感想を聞いてみましょう。面接担当者として心がけるべきコミュニケーションの取り方がつかめるかもしれません。

発生する事務業務の担当者を決めておく

採用活動には、次のようにさまざまな事務作業が発生します。誰が行うか役割を決めておけば、土壇場での混乱を避けられ、ミスを防げるでしょう。必要であれば人員の増強も検討しましょう。

〈採用活動に伴う事務業務の一例〉　※メールか電話にて行う

・会社案内の発送
・応募者データベースの作成
・会社説明会の会場手配
・説明会へのエントリー御礼
・説明会の参加御礼
・面接日程の調整
・ＷＥＢ媒体の操作
・エントリーへの御礼
・会社説明会の案内
・説明会の参加確認
・適性検査実施
・合否の連絡

第3章　採用活動②　学生を集める

1 「母集団形成」→「選別」への流れをつかむ

なぜ「母集団形成」は必要か

採用枠が「1人」である場合、究極的にはその「採用すべき人」からの1つの応募があり、獲得できることが理想だといえるかもしれません。しかし現実的には、最初からピタリと条件が合うたった1人の人と巡り会えるのは稀です。何人かの候補者と比較したり、応募者との対話を通じて求める人材要件や募集条件を調整したりといったプロセスを経て、採用を決断するに至ることがほとんどです。

さらに、多くの学生は、知っている業界・職種・企業が非常に少ないのが実態です。例えば大学が主催する就職ガイダンスなどで、就職活動を控える学生たちに知っている企業名を書き出してもらうと、最も多い人でも40社程度。5～10社前後で手が止まる人がほとんどです。業界については、消費者という立場でなじみがある「食品」「鉄道」「自動車」「テレビ」などはすぐに挙がりますが、ＢｔｏＢの業界はあまり認知していません。職種に至っては、ほとんど知識がないといってよい状態です。

知らないことに対して「やりたい」と思うことは難しいです。学生を採用する場合、まずは「知らせる」ことが必要で、その「知らせる」行為の効率を高めるために、「知らせる」ことで「やりたい」と思う可能性のある人たちを抽出し、母集団として選定する必要があるのです。

新卒採用のステップは「恋愛結婚」に似ている

人材採用を結婚に例えるなら、中途採用はお見合い結婚、新卒採用は恋愛結婚に近いと言われることがあります。中途採用の場合は、ある程度の「条件（経験・スキルなど）」を設定し、それに合う人が応募してきたら情報を確認して対象を選別するのが一般的です。一方、新卒採用は出会って、理解を深め合って、お互いに気持ちを高めていくという段階を踏みます。

新卒採用においては、学生が自社に対する理解を深め、応募や入社を決意する「動機付け」を行う必要があり、動機付けのための情報提供が重要であるという点が大きな特徴です。また、学生に自社を知ってもらうと同時に、こちらも学生を理解するための努力が必要です。中途採用では、相手の出身業界・職務経験などから自社でどんな活躍ができるかをある程度判断できますが、学生の場合はポテンシャル（潜在能力）や可能性といった、より抽象的な

図表3－1　学生と企業が出会い、内定・入社を決意するまで

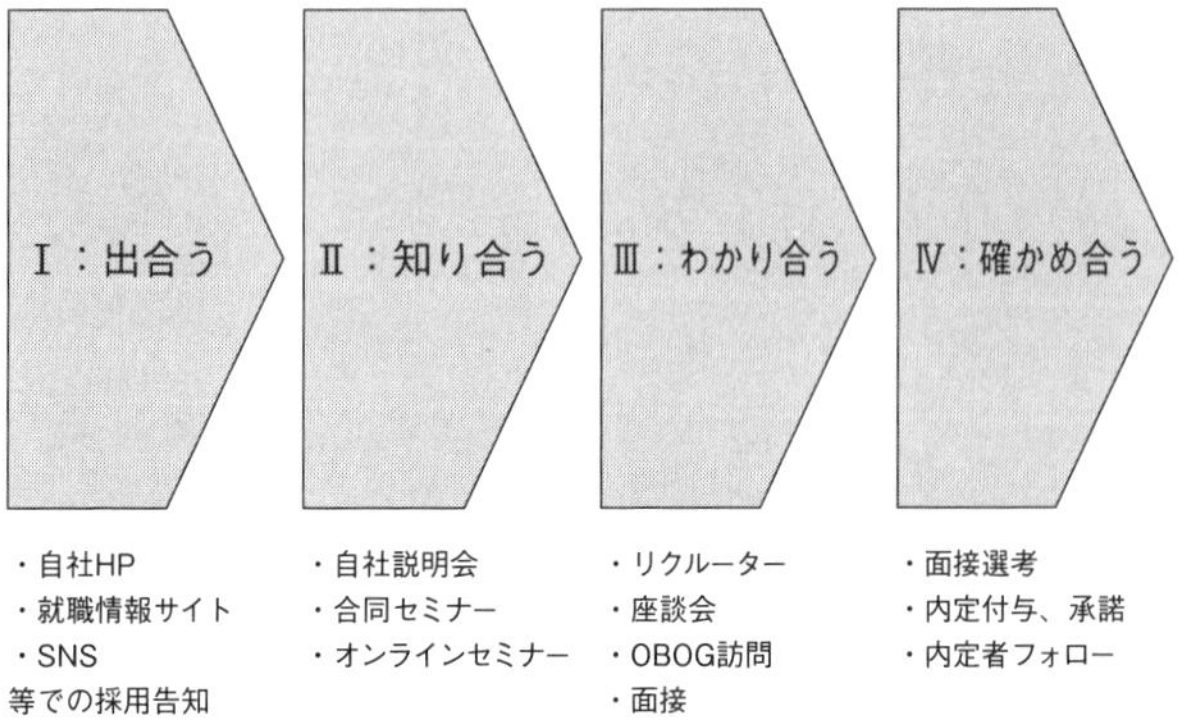

ものを探る必要があるわけです。「これまで何をしてきたか」「今、何ができるのか」ではなく、「何ができそうか」を判断しなくてはならず、そのための情報収集が欠かせません（図表3－1）。

「相互理解」を促し「相思相愛」を目指す

「企業が求める人材像」と「学生が求める企業像」のマッチングを理想的な形で実現するためには、採用活動の4つの機能をフル稼働させることが重要です（図表3－2）。

「情報提供機能」「情報収集機能」→企業と学生の「相互理解」を促進する

「動機形成機能」「対象選別機能」→企業と学

図表３－２　採用活動の４機能

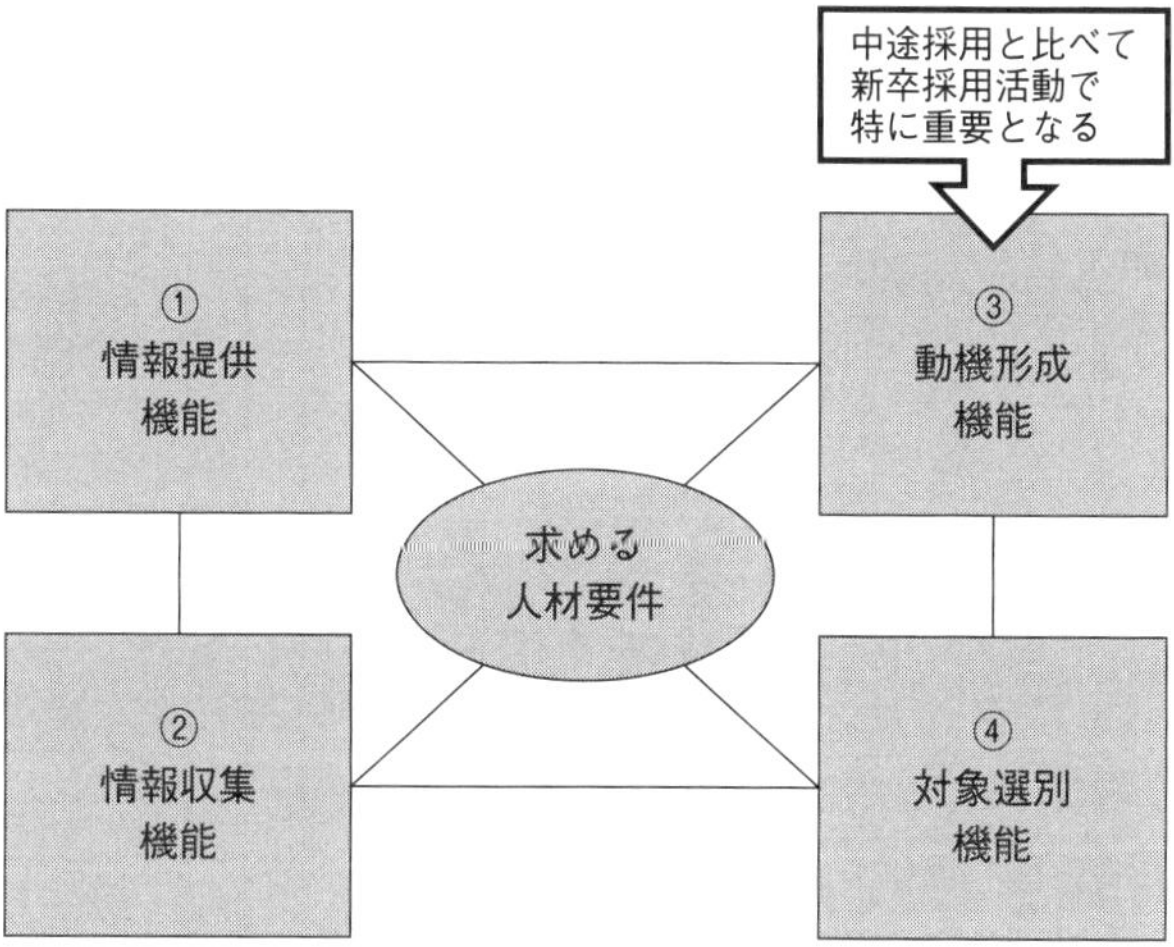

生の「相思相愛」を創る

会社説明会を行えば、多くの学生に出会います。「この学生は期待できそうだ」とターゲッティングしたなら、その人に対して「情報提供」を行い、動機形成を促します。企業側が「この学生をぜひ採用したい」と思っていても、学生の入社意欲が低いような「片思い」状態のときは、「動機形成」のためのコミュニケーションに力を入れなくてはなりません。

逆のパターンで、学生側は入社意欲が高く、企業側はその学生に期待を持てないケースもあります。しかし、ここが目が届かなくなりがちなところで、

図表3－3　採用活動の流れ（4ステップと4機能）

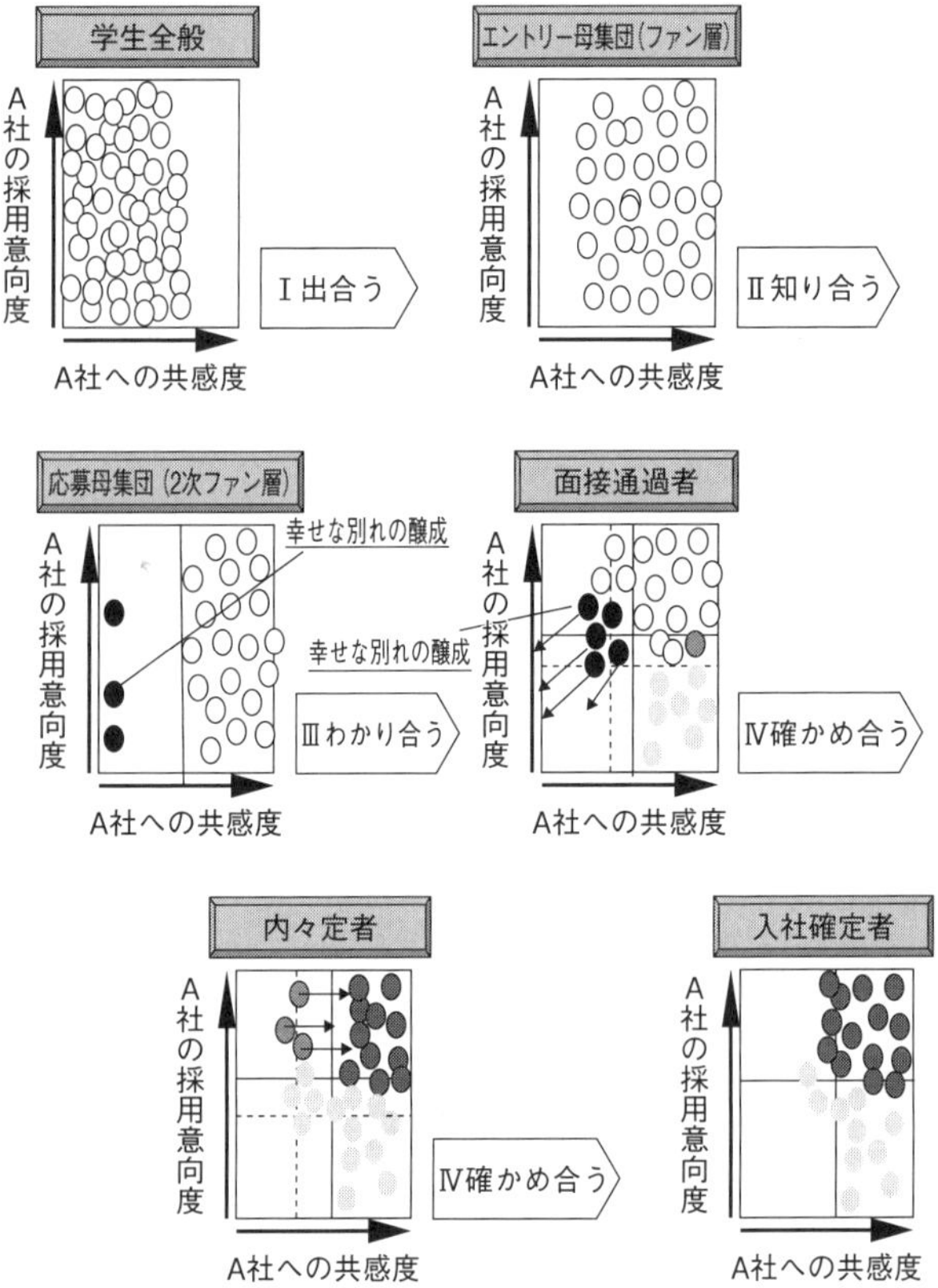

（Ⅰ）「学生全般」を見ると対象者数は多いが、中小企業の場合、自社を知っている人は少なく、「共感度」が低いところからがスタート。
（Ⅱ）（Ⅲ）情報提供と語り合いによって共感度を高め、右側に寄せていくことを目指す。それでも共感できない学生は、そもそも接点を持てない人なので追う必要はなく「幸せな別れ」と捉える。
（Ⅳ）右側に寄せた人のうち、自社が採用したい人を選別し（上下の軸で線引き）、内定者を確保する。

そうした学生の中に実はいい人材が埋もれていることもあります。そうした学生をうまく発掘することも大切です。そのためには、企業側が学生について「情報収集」をする努力が必要です。

このように、対象となる学生に応じて4つの機能を適切に活用することが、採用成功への第一歩となります（図表3－3）。

2　会社説明会を開催する

一度で多くの学生と出会える「合同会社説明会」

母集団の形成、動機形成をするために有効な手段の1つが会社説明会です。会社単独で開催することが多いのですが、独自で運営する余裕がない場合は合同会社説明会に参画する手もあります。合同会社説明会の特徴やメリットについては、第2章でもご紹介したとおりです。

合同会社説明会でブースに着席した学生へのアンケートによると、約7割の学生が「その企業を今日のイベントで初めて知った」と回答しています。知名度が低い会社でも、認知度を高める絶好のチャンスといえるでしょう。

ただし、他の会社も多数参画しているため、学生が自社のブースを訪れたとしても、まだ「選択肢の1つ」という状態にすぎません。しかし、面談の中で動機付けをうまく行うことで応募意欲を高めることができます。

そのために、「装飾」「呼び込み」「説明」「アクション」という4ステップに分けて学生の興味を引く工夫を心がけましょう。各ステップのポイントは88・89ページの表を参考にしてください。

なお、注意すべきは、会場や主催者によってできること・できないことがある点です。例えば、「Aの説明会ではマイクが使えたがBの説明会では使えない」といったように、ガイドラインが異なります。会場によってプログラムを変える必要もありますので、参画条件をしっかりチェックしておいてください。

単独での会社説明会は企画の自由度が高い

自社独自で会社説明会を企画する場合は、次のような方法で参加者を集めます。

・就職情報サイト、自社ホームページ、SNSなどで告知
・就職情報サイトなどでプレエントリーなどのアクションを起こした学生に開催を伝え、

誘致する

・大学などに開催告知ポスターを掲示する

単独での会社説明会の場合、参加者はすでに自社の基本的な情報を知っていて、その上で興味を抱いている学生がほとんどです。そのため、より深い情報提供に時間をかけることができますし、広い空間を利用したプログラムも可能です。

会社説明会のスタイルは複数あります。自社の目的に応じてプログラムを組み立ててください。

〈レクチャー型〉

オーソドックスなスタイル。会社概要や募集要項の説明および質疑応答を、１・５〜２時間程度で行う。

〈座談会型〉

学生と自社社員がざっくばらんな雰囲気で直接対話するスタイル。「自社の社風や価値観に共感してほしい」と考えている企業が積極的に取り入れている手法。

〈体感型〉

入社後のミスマッチ解消を図りたい企業におすすめのスタイル。実際の仕事やそれを模し

「説明」…動機を持ってもらう

・**説明時間は10〜15分に**

学生は「たくさんの知らない企業の話を聞きたい」と考えているので、長時間の拘束はマイナス。1回の時間は短く、回転率を上げることを心がける

・**質疑応答の時間を確保する**

学生の疑問や不安を取り除くため、5分程度の質問時間を設ける

・**説明形式を使い分ける**

一度にたくさんの学生に情報提供できる「プレゼン形式」、学生一人ひとりに応じた対応ができる「座談会形式」など、自社の目的に応じて使い分ける

・**覚えてほしいキーワードを伝える**

学生はメモをとっているので、伝えたいキーワードは最初に伝え、記憶に残りやすくする

・**学生がイメージできることを話す**

社員の取り組みや具体的な行動エピソードなど、学生自身が働く姿をイメージできるような話をする

「アクション」…行動してもらう(エントリーを促す)

・**次回説明会の予約をその場で**

単独での会社説明会などを予定している場合、その場でスケジュールを伝えて予約を入れてもらう

・**着席学生に「特別感」を与える**

「ブース着席の学生に優先予約」など、「特典」を示す

・**御礼メールを送る**

説明会翌日までに学生に御礼メールを送付。エントリーや説明会への案内を記載

・**ブログを有効活用**

説明会の様子や内容をブログに記載。着席した学生へアクセスを促し、自社への興味をつなぐ

・**ゴールまでの道のりを示す**

説明会終了後に採用スケジュールの詳細を渡したり、スライドに表示

「装飾」…注目してもらう

・特徴をワンキャッチで伝える

特に学生にとってなじみのない　B to B企業であれば「実はあの○○も△△も私たちの仕掛け！」といったように、学生に気付きを与えるフレーズをポスターなどで掲示

・若手社員をアサイン

学生にとって年齢が近い若手社員がブースにいることで、親近感が生まれ、近寄りやすい。女子学生にとっては女性社員がいることで安心しやすい

・自社商品を活用

商品の認知度が低い場合、商品を装飾のメインにするのも有効

・カラーリングを統一

視覚に訴えて印象に残るようにする。コーポレートカラーを設定していない企業でも、装飾物のカラーを統一

・タイムスケジュールを明確に

何時何分から説明を開始するのか、何分間説明を行うのかを明示する。タイムスケジュールが事前に決まっていると学生は予定を立てやすく、足を運びやすい

「呼び込み」…興味を抱いてもらう

・「〜〜？」で声がけ

「こんにちは。説明を聞いていってください」ではなく、「こんにちは、○分後に説明を開始しますが、よかったら聞いていかれますか？」などと質問するスタイルでコミュニケーションを図る

・配布資料を手渡し

ブースの前を通りがかった学生にも資料を配布。机に置いてあるよりも直接手渡された方が親近感がわき、興味をひきやすい

・常に着席している状態に

学生は賑わっている場所に集まり、閑散としている場所には近づきにくい。お昼の休憩は交代で取る、次回説明開始時間までの間、呼び込んだ学生に座っていてもらうようにするなど、常にブースに人がいる状態を維持する

・資料コーナーを活用する

参加企業の資料を一堂に集めた「資料コーナー」に、興味を喚起するような資料を置く

・「途中からでも座ってよい」と声をかけ、着席を促す

たワークを、学生に「お試し体験」させる。半日程度を費やすケースが多く、時間と手間はかかるものの、参加した学生からは密度の濃い内容に満足する声が多く聞かれる。

なお、会社へのアクセスが不便な場合や、自社内に広いスペースや機材（プロジェクター&スクリーンなど）がない場合は外部の会場を借りて行います。レンタル会場はいろいろありますが、会社説明を行うのに適している会場とそうでない会場があります。例えば、アクセスのしやすさや、使用できる機材・備品などの面で差があります。そうした情報は、就職情報会社が持っていますので、就職情報サイトにも掲載している場合などは営業担当者に聞いてみるといいでしょう。なお、ターミナル駅から近い会場の方が学生を集めやすいわけですが、そうした会場は早く予約が埋まりますので、早めに予約をしておいてください。

会社説明会を有意義なものにするために

会社説明会は1～2時間程度と、時間が限られています。そこで、説明の仕方を工夫し、短い時間でも伝えるべきことをきっちりと伝えられるようにしたいものです。

その点、ビジュアルでの訴求はわかりやすく、印象に残りやすいという点で効果抜群です。

パワーポイントの資料を用意する、職場の映像を流す、合同説明会であれば遠くからでも目に留まりやすいポスターを貼るなど、ビジュアルの効果を高めてみてください。

また、「誰が、何を話すか」もとても大切です。「会社の理念・価値観」「将来ビジョン」などは、やはり社長自身が語るべきでしょう。さらに具体的には、「現在抱えている課題」「今後の事業展開で力を入れたいこと」「こだわりを持っていること」など。社長が創業者であれば、会社設立時の想いを語るのもおすすめです。

そして、人事担当者は、「会社概要」「業務内容」「労働条件」「待遇」などの基本情報を説明します。現場の若手社員からは、「この会社を選んだ理由」「仕事内容」「仕事でうれしかった・感動したエピソード」「仕事のやりがい・おもしろみ」「職場の雰囲気」などを伝えるといいでしょう。

会社説明会に参加した学生へのアンケートなどによると、「企業側が一方的に説明するだけ」というものは評判が良くないようです。一方、「座談会」や「質疑応答」など双方向のコミュニケーションを取れるスタイルであれば、学生が聞きたいことを質問することもでき、参加後の満足度が高くなる傾向があります。

なお、説明会終了時には参加者にアンケートを取ることをおすすめします。アンケートに書かれた感想をふまえ、回を追うごとに内容をブラッシュアップしていくことができます。

3　学生の利用率が高まっている「WEB説明会」

「配信型」と「ライブ型」がある

会社独自での会社説明会をWEB上で行うケースが増えています。採用活動期間が圧縮されている中で、会社説明会になかなか人が集まらない場合など、参加の敷居を下げて接点を多く持てるようにするのが狙いです。特に、地域をまたいで学生と接触したい場合は、WEB上で行う方がコストを安く抑えられます。海外留学中の学生も含め、幅広い地域にいる学生を説明会に呼びたい企業にとっては、WEB説明会は非常にリーズナブルで、コストパフォーマンスが高い手法といえるでしょう。

WEB説明会のスタイルは大きく分けて2種類。「動画配信・ストリーミング配信型」と「ライブ型」です。それぞれの特徴をふまえて、メリットを最大限に活かす&デメリットをカバーするようなコンテンツを企画しましょう。

「動画配信・ストリーミング配信」

このタイプのメリットは、学生がいつでも好きなときにアクセスして視聴できるということ。ただし、集合型で行っている会社説明会の録画をただ流すだけ、というのはＮＧです。

動画配信型の場合、学生がずっと「受け身」の状態ですので、飽きさせない工夫が必要です。内容にメリハリをつけ、映像と音を使ってわかりやすく……という点を意識して、ＷＥＢ専用のコンテンツを制作しましょう。スマホでイヤホンを使って観る人も多いため、画面に表示する文字は大きめに。長々とした文章ではなく、端的な言葉で表現するようにします。

「ライブ型」

ＷＥＢ説明会のメリットは、「参加の敷居を下げられる」「低コスト」だけではありません。ライブ型の説明会は、実際に参加した学生たちからしばしば「リアル説明会より〝リアル〟」といわれます。一体なぜでしょう。

ライブ型は、ＷＥＢ上で行われる生放送形式の説明会に学生が参加、チャット形式で参加者側もコメントを発信することができます。

図表3－4　就職活動プロセスごとの実施状況

		実施率（%）	平均数（実施者ベース）
			2014年卒
就職に関する情報を収集する		86.5	
OB・OGなど社会人の先輩を訪問する		28.0	6.11社 7.30人
リクルーターと接触する		28.2	6.33社 7.65人
エントリー（採用情報・資料の請求、企業への個人情報提供）をする		73.8	6,017社
大学で開催される合同説明会・セミナーに参加する		69.7	6.09回
大学以外で開催される合同説明会・セミナーに参加する		66.6	6.24回
個別企業の説明会・セミナー	対面（社内、会場など）で開催されるものに参加する	62.2	20.10社
	Web上で開催されるものに参加する	41.2	3.84社
エントリーシートなどの書類を提出する		74.9	20.99社
適性検査・筆記試験を受ける		74.2	14.66社
面接など対面での選考を受ける		75.1	11.26社
内々定・内定を取得する		79.7	1.85社

出所：『就職白書2014―採用活動・就職活動編―』（就職みらい研究所）

学生たちが大きな会場に集まり、座って話を聴くという会社説明会は、「対面」ではあるけれど、「質問がしづらい」「まわりの学生が何を考えているのかわからない」という声もあります。その点、チャットなら遠慮することなく、率直な発言や質問がしやすい。うまく運営すれば、リアルタイムで参加者の質問に答えたり、感想や意見を聞いたりと、双方向でのコミュニケーションが可能となります。

さらに、副産物的な効果も期待できます。参加した学生は、ＷＥＢ上で交わされている会話から、場の空気感やノリといったものを感じ取ります。他の参加学生のコメントに対して共感できれば、「この会社を希望している人たちと自分は価値観が似ているな」と思うでしょう。「この会社は自分にフィットしていそうだ」と、親近感や志望意欲の高まりにつながるというわけです。逆に、非常に盛り上がっている話題に対して「自分とは考え方が違うな」と感じれば、志望先の選択肢から外れます。それは「入社後にギャップを感じて早期離職」の予防にもなります。

こうしたことから、ＷＥＢ説明会に参加した学生からは「リアルの会社説明会以上に得るものが大きい」という声も聞こえてきています。

ただし、「途中退席」もしやすい方式ですので、やはり飽きさせない工夫が必要です。合い間にクイズや質問タイムをはさむなど、集中力を持続させるための仕掛けをしましょう。スタート時にアンケートを取って参加意識を高めたり、アンケートの結果をもとに進行するのも有効です。

採用担当者側としては「やはりフェイスｔｏフェイスでないと落ち着かない」という人も

いるでしょうが、「食わず嫌い」で避けるのはもったいないことです。フェイスｔｏフェイスで話す機会をさらに密度の濃いものにするために、事前の下地作り・土台作りとして活用してはいかがでしょうか。

２０１４年卒の学生に対し、「就職活動で行ったこと」をたずねたアンケート調査によると、「ＷＥＢ上で開催される個別企業の説明会・セミナーに参加する」と回答した学生は41・２％にのぼりました（図表３－４）。就職活動の定番である「ＯＢ・ＯＧ訪問」を実施した人が28％であることと比較すると、かなり高い割合を占めています。うまく活用すれば、採用で成功する確率を高められる可能性があるのです。

４　ワンチャンスを逃さない「説明選考会」スタイル

中小企業の採用活動においては「説明選考会」というスタイルも有効です。会社説明会の場で「ぜひとも欲しい」と思えるような学生と接点を持つことができても、次の機会に来てくれるかどうかはわかりません。その点、説明会である程度話をして、志望する意向を確認したらその場で面接する、というスタイルであれば、取りこぼしをある程度防ぐことができるでしょう。採用活動期間が短縮される今後は、進捗のスピードアップという点でもメリットが大きいといえます。

これに近い採用活動スタイルとして、「エントリーシートは不要。まずは面談から始めましょう」という手法もあります。

学生にしてみれば、志望するかどうかわからない会社にエントリーシートを送ることには抵抗感を覚えるもの。出会ったばかりの中小企業ならばなおさらです。そこで、中小企業の中には、エントリーシートの提出を求めないことをアピールポイントに、面談の場を設けているケースも見られます。就職情報サイトなどでも、こうしたスタイルでの採用活動をサポートするサービスが登場しています。

このスタイルは、イメージとして「婚活パーティ」に近いかもしれません。初対面の日に話をして、短い時間ながら「合いそう／合わなさそう」を見極め、その日のうちに「次」につなげるかどうかの意思表明をする――そういう流れが似ているのです。「短期決戦」を志向する企業には向いているといえます。

5　就職情報サイトに掲載する

自社の目的に合ったサイトを選ぶ

就職情報会社が運営し、企業の求人情報をＷＥＢ上に掲載するのが就職情報サイトです。大学が学生に対して行う就職ガイダンスにおいても、就職情報サイトの使い方を指導するケースが多く、就職を希望する学生の多くは就職情報サイトに登録するところから活動をスタートします。

学生は、登録時に発行されたＩＤ・パスワードを使ってログインし、掲載されている採用情報を閲覧するほか、興味を抱いた求人企業に対して自分の情報を提供（プレエントリー）します。自分専用の「マイページ」で企業情報や応募状況を管理したり、企業からの合否連絡を受けることも可能です。そのため、学生は長期間にわたり、何度も就職情報サイトにアクセスすることになります。合否連絡などを確認しに来る度に新着求人もチェックするため、第1章で述べたとおり、他社より遅いタイミングで採用情報を掲載したとしても、学生に届く可能性は十分にあるといえるでしょう。

新卒向けの就職情報サイトは、「総合型」が10サイト程度あるほか、対象層やエリアを限定したものもあります。専門型・特化型サイトは特定の地域に限定したもののほか、「大学院生」「海外留学生」「外資系企業」「医療系」「芸術系」など多様。企業側の使い方としては、母集団を多く獲得するために総合型を複数利用したり、「総合型＋エリア型」「総合型＋特定領域型」を組み合わせるなど、目的によってさまざまです。また、総合型のみに掲載し、特定領域の学生だけにアプローチができるオプションサービスを利用するケースも多いようです。

どの就職サイトを利用するかを判断するポイントとしては、「営業担当者やコンサルタントが、採用ノウハウや採用戦略について的確な情報提供・提案・アドバイスをしてくれるか」「自社が活用したい機能やサービスを備えているか」「掲載コスト」などに注目してみてください。

中小企業は「成功報酬型サイト」を利用してコストを抑える手も

就職情報サイトを利用する場合、大人数の新卒を採用するならば、当然ながら１人当たりの掲載コストは低くなります。一方、１～２人のみ採用したい場合、掲載料は割高になってしまいます。そこで、採用予定人数が少なく、予算をかけられない中小・ベンチャー企業などに向けて、「成功報酬型サイト」も登場しています。これは、企業情報の掲載のみであれば費用がかからず、媒体を通して採用が成功した場合に料金が発生するというプランです。

こうした新しいタイプの就職情報サイトは、新興の企業が運営しているものも数多くあります。経営基盤の弱さから短期間でサービスを停止してしまうような業者も見られる一方、学生時代に自分たちが就職活動生として実感した不満や不便を解消しようと努め、同世代の学生たちから支持を得ているものも登場しています。利用を検討する際は、サービスの特性だけでなく、運営会社や経営姿勢などもチェックしたいところです。

「掲載」以外のさまざまな機能を活用する

就職情報サイトでは、採用情報を掲載してエントリーを受け付ける以外にも、付随するさまざまな「便利機能」を利用することができます。多くの就職情報サイトが備えていて、企業にとって重宝するのが「応募者管理」の機能です。応募してきた学生の選考の進捗状況を確認したり、独自のフラグをつけて管理することが可能です。

他にも「学生のスカウト」「自動マッチング」「応募者とのコミュニケーション」「オンラ

イン説明会」など多様な機能があります。使いこなすことで、採用活動にかかる時間と手間を省き、効率的に進めることができます。

また、就職情報サイトに掲載してプレエントリーを待つだけでなく、企業側からターゲット学生に対して「WEB-DM」を打つ機能を利用するという方法もあります。就職情報サイトの登録会員データベースに、自社が求める要件に照らして、大学・学部・学科・居住エリア・希望勤務地・保有資格・志望職種・志望業種などをはじめ、仕事に対する価値観や「ゼミやサークルでリーダーを務めたことがある」といった経験などを軸に絞り込みをかけ、抽出された学生にメールを打つのです。

最初から求める人材に絞ってコミュニケーションできるという意味では効率的ともいえますが、一方で返信が必ずあるわけではありません。WEB-DM機能の利用は追加料金がかかる場合もあるので、費用対効果を慎重に吟味することをおすすめします。会員データベースの鮮度や活性状態のほか、ターゲットに合わせたメッセージ設計や、メールタイトルの工夫などで効果が大きく変わるのが特徴です。サービス利用にあたっては、営業担当が親身になって効果を出すための情報提供をしてくれるかどうかも考慮しましょう。

6 「リクルーター」を活用する

「リクルーター」とは、人事部のスタッフ以外で学生とコンタクトを取る社員のことです。一般的に、採用ターゲットとしている大学出身の社員や、学生に年齢が近い若手社員が任命されます。リクルーターを活用するということは、そうした社員が持つネットワークを活かし、母集団形成を促進することを意味します。つまり、リクルーターは大学の後輩などに自社をPRして説明会に呼び込んだり、応募を促すといった役割を担うわけです。

この方法は、やり方によっては採用コストを最小限に抑えることが可能です。任命した社員に支給する手当、交通費、飲食代などの経費程度の出費で済むからです。ただし、その社員の通常業務が滞ることによって売上に影響を及ぼす可能性もありますので、そのあたりの損益を加味する必要があるでしょう。

また、リクルーターによる活動は、一昔前に比べると気軽に行えない事情もあります。大学のキャンパスに立ち入って何らかの活動をする場合には、事前に大学に相談して許可を取っておきましょう。OB・OGだからといってそうした手続きを省くと、問題になる恐れがありますので注意してください。

コラム　海外での採用活動のトレンド

日本企業では、ダイバーシティの推進、ASEAN諸国での事業展開・強化に伴い、「現地の優秀な学生を採用したい」という意欲が高まっています。

海外の大学の学生を採用しようとする場合、「オンキャンパス・リクルーティング」のスタイルが主流です。企業側が大学に出向き、大学内の施設で企業説明会、筆記試験、適性検査、面接などを行うというものです。例えば、インドの理系大学の最高峰・インド工科大学（IIT）の場合、オンキャンパス・リクルーティングを行える期日が大学側から指定され、企業説明～面接～内定までを1日で完了しなければなりません。これは極端な例ですが、日本企業にとって海外のトップ大学生の採用はハードルが高いといえそうです。

そうした中、海外のトップ大学の学生と日本企業を引き合わせ、採用活動から入社までをサポートするサービスも登場しています。

なお、こうした海外大学生採用の支援サービスでは、現地での日本語教育、日本での生活やビジネスマナーに関する研修、ビザ取得などまでサポートしています。

第4章　採用活動③　選考

1　書類選考を行い、面接に呼ぶ人を決める

「履歴書」や「エントリーシート」をチェック

応募者の採用選考は、応募書類に目を通すことから始まります。

中途採用の際に広く利用されている「履歴書」は、新卒採用においても使われています。やはり市販のＪＩＳ規格のものが主流ですが、最近は大学オリジナルのフォーマットを使用する学生も増えています。

履歴書では、氏名、生年月日、性別、現住所・連絡先、電話番号といった個人の基本情報と、学歴・職歴、免許・資格について詳細に確認できます。しかし、志望動機やアピールポイントについては記入欄が小さく、限られた情報しか取得できません。

職歴や保有資格である程度の判断が可能な中途採用の場合は、これで足りるとする企業も多いでしょう。しかし学生の場合は、より今後の可能性を重視した人物理解を深めるため、「エントリーシート」を導入する企業も少なくありません。実際の導入率は新卒採用企業全体の３分の２程度です。従業員規模が大きいほど導入率が高い傾向がありますが、従業員数

図表４－１　エントリーシートの導入状況（「書類選考」実施企業／単一回答）

（％）

		導入している	導入していない
全体		66.7	33.3
従業員規模	300人未満	52.2	47.8
	300～999人	66.3	33.7
	1,000～4,999人	75.9	24.1
	5,000人以上	87.4	12.6

注：データは無回答サンプルを除いて集計
　　従業員規模不明・無回答企業があるため、規模別の計と全体は一致しない
出所：『就職白書2014―採用活動・就職活動編―』（就職みらい研究所）

３００人未満企業でも半数以上が活用しており、現在の採用活動におけるポピュラーなツールであるといえそうです（図表４－１）。

エントリーシートの記入項目は各社により異なります。自社が求める人材に照らし合わせ、項目を工夫しています。また、エントリーシートは学生に対して企業を印象付けるツールにもなり得ます。

求める人材を見極めるためには、単なる事実や経験を聞くのではなく、その背景にある理由あるいは経験を、今後どのように活かせるかを浮き彫りにできるような質問項目を設定したいものです。例として、１１２ページの質問項目を参考にしてみてください。

このほか、テーマを設けて作文や論文などを提出させる企業もあります。何を提出してもらうかは、求人票・求人広告・採用ホームページに記載しておいてく

年	月	学歴・職歴（各別にまとめて書く）
年	月	免許・資格

<table>
<tr><td rowspan="3">志望の動機、特技、好きな学科、アピールポイントなど</td><td colspan="2">通勤時間
約　時間　分</td></tr>
<tr><td colspan="2">扶養家族数（配偶者を除く）
人</td></tr>
<tr><td>配偶者
※　有・無</td><td>配偶者の扶養義務
※　有・無</td></tr>
</table>

本人希望記入欄（特に給料・職種・勤務時間・勤務地・その他についての希望などがあれば記入）

履歴書（JIS規格）フォーマットの一例

履　歴　書

年　　月　　日現在

写真をはる位置

写真をはる必要がある場合
1. 縦　36〜40㎜
　横　24〜30㎜
2. 本人単身胸から上
3. 裏面のりづけ

ふりがな 氏　　名	
年　　月　　日生（満　　歳）	※ 男・女

ふりがな 現住所　〒	電話
ふりがな 連絡先　〒　（現住所以外に連絡を希望する場合のみ記入）	電話

年	月	学歴・職歴（各別にまとめて書く）

記入上の注意　1．鉛筆以外の黒又は青の筆記具で記入。　2．数字はアラビア数字で、文字はくずさず正確に書く。
3．※印のところは、該当するものを○で囲む。

自己PR

学生時代に最も打ち込んだこと

あなたが当社を志望する理由

当社のHPを見た感想

※エントリーシートにご記入頂いた内容は当社の個人情報保護方針に基づき○○年度の新卒採用活動以外の目的には使用いたしません。選考終了後は弊社規程に基づき処分致します。

エントリーシートの例

フリガナ 氏名			写真
生年月日	性別	自宅電話	
e-mail		携帯電話	
現住所			
休暇中の連絡先			

年月	学歴・職歴

保有スキル

趣味・特技

学業、ゼミ、研究室などで取り組んだ内容

エントリーシートの質問項目の一例

＜企業理解の程度、本人の志向を探る＞
・当社で取り組んでみたい仕事とその理由について、500字以内で記入してください
・当社のどのような点に魅力を感じますか。また、どのような点を改善すべきだと思いますか
・なぜ当社なのか、会社案内の内容をふまえて自分の考えをもとに400字以内で述べてください
・○○を舞台として、具体的にやってみたい仕事とその理由を記述してください
・当社の中で取り組んでみたい仕事において、あなたのどのような能力が活かせますか

＜特性、ポテンシャルを探る＞
・あなたがこれまでに最もチャレンジしたこと、最も力を入れて取り組んできたことは何ですか
・学生時代を通してあなたが達成したことを重要度の高い順に3つ挙げてください
・学生時代の活動の中で、あなたが一番力を入れたものについて、なぜ、どのように行ったのかを含めて説明してください。また、活動を通して得たものを具体的に説明してください
・今までの一番の失敗と、それをどのように克服したかを教えてください

＜情報感度、情報収集力を探る＞
・○○業界を活性化させるために、最も有効な方策は何だと思いますか
・日本の製造業に求められることは何だと思いますか
・あなたが「食」に関して現在関心を持っていることを教えてください
・あなたが最近一番印象に残っている業界の出来事は何ですか

＜価値観、姿勢を探る＞
・あなたが魅力的と感じる人はどんな人ですか
・あなたの人生で最も印象に残るシーンを記述してください
・就職にあたって何を重視していますか
・人と接するときに、何に一番注意を払いますか

ださい。

応募書類を複数の視点からチェックする

応募書類では、どんな項目を、どんな視点でチェックすればよいのでしょうか。

・学歴欄

学歴欄では、学部・学科・専攻分野・所属ゼミなどから、自社の業務に活かせる基礎知識を学んできたかどうかがわかります。また、出身校から基礎学力の程度を推し測る企業も少なくありません。

学歴の情報をもとに、面接では「なぜ、その学校・学部を選んだのか」を聞いてみてもいいでしょう。学部や研究テーマを選んだ理由などのエピソードから、その人の根本的な価値観が垣間見られるかもしれません。

・趣味・特技欄

「人となり」が表れるため、社風に合いそうか、既存社員と打ち解けやすそうかどうかを推測する材料になります。

趣味を持っているということは、「ストレス解消」の手段を持っているともいえるでしょう。仕事とプライベートをうまく切り替え、気分転換をすることで、ストレスのコントロールができるとも考えられます。また、多様な趣味を持つ人の場合、営業や接客の場で、顧客とコミュニケーションを取るための話題が豊富であることも期待できるでしょう。

・自己ＰＲ・志望動機欄

自己ＰＲ・志望動機欄は、その人の「人となり」が最も表れる場所といえます。自分自身をどのように捉えているのか、今後どのようなことを目指していきたいのか。紙幅に限りがある場合、その表現方法（フレーズなど）は似通ってしまう傾向も否めませんが、本来は百人いれば百通りの物語が凝縮されているはずの部分です。

内容だけでなく「書き方」にも注目してください。読みやすく、内容に説得力が感じられる文章であれば、情報を整理してまとめる力、人に「伝える」力があると期待できます。読み手に配慮できるということは、ビジネスの素養として大切なポイントなのではないでしょうか。

仕事の能力が高くても文書作成を苦手としている人もいますので一概には判断できませんが、自社が募集する職種に社内報告書や顧客・取引先向けの資料、提案書などを作成する業務が含まれている場合、それをスムーズにこなせそうかどうかの目安にはなるでしょう。

「捨てる」ではなく「探す」。書類上では見えない可能性を見出す

普段仕事で目にする書類と比べると、学生の応募書類には物足りなさを感じることもあるでしょう。若者特有の言い回しなどが気になり、ふと気付くと「減点主義」で書類選考を進めてしまっているというのもよくあることです。しかし、書類はあくまでもその人を示す一つの材料。少しでも何か光るものはないかを探し、それが見えたなら、面接の場を設け、会って話してみてはいかがでしょうか。

以上をふまえ、面接に招くかどうかを判断するとともに、「面接でどの部分を確認するか、掘り下げて聞くか」の当たりをつけておいてください。当日の面接が効率よく進み、有意義な時間となるはずです。

2　筆記試験で能力をチェックする

どんな能力を重視するかに応じて試験・課題を設定

中途採用では実施されないこともある筆記試験・適性検査ですが、「基礎能力」を見極める必要がある新卒採用においては、企業規模を問わず実施率は高いです。図表4－2で示しているとおり、2014年卒を対象に採用活動を行った企業のうち、適性検査・筆記試験の実質率は5000人以上規模の企業で98・9％、300人未満規模の企業でも89・3％にのぼっています。

採用選考においての筆記試験は主に3種類あります。

・学力試験
国語・数学・社会・英語などの学力を測定する
・時事問題・常識試験

図表4－2　採用活動プロセスごとの実施率

（%）

	実施率	従業員規模			
	全体	300人未満	300～999人	1,000～4,999人	5,000人以上
エントリー（採用情報・資料の請求）受け付け	96.1	87.6	97.9	99.7	100.0
説明会・セミナー	97.5	91.4	98.8	100.0	98.9
書類選考（エントリーシート，履歴書，作文等）	90.9	90.0	90.4	92.0	94.6
適性検査・筆記試験	96.1	89.3	97.7	98.1	98.9
面接	99.8	99.3	100.0	99.7	100.0
内々定・内定出し	99.8	99.0	100.0	100.0	100.0

出所：『就職白書2014―採用活動・就職活動編―』（就職みらい研究所）

社会人としての一般常識を備えているかを見る。時事ニュースなどの理解度をチェック

・小論文・作文

指定するテーマについて規定内の文字数で作成させる。正しい文章を書く力、言いたいことを要領よく伝える力、発想力や分析力などの有無を確認する

3　適性検査で、能力・性格・興味・指向性を探る

種類はさまざま。スタンダードは「ＳＰＩ3」

応募者の能力や適性を、書類や面接だけで判断することに不安を感じる場合は、「適性検査」を利用する手もあります。

適性検査には、「能力適性検査」「性格適性検査」「興味・指向適性検査」などの種類があります。複数の会社がさまざまなタイプの適性検査サービスを提供していますので、自社に合ったものを選んでください。

採用選考向けの適性検査として長年最もよく使われているのが、「ＳＰＩシリーズ」です。ＳＰＩとは「Synthetic Personality Inventory」の略で、現在は3つめのバージョンであるＳＰＩ3が普及しています。

ＳＰＩ3を利用している企業のうち、約7割は従業員数３００人未満の中小企業であるというデータがあります。こういった適性検査は、社内に「採用選考のプロ」が不在でも、見極めたいポイントが簡単にわかることから、中小企業でも活用されているというわけです。

「適性検査」で測定できる項目の一例「SPI-3」の場合

・行動的側面…行動として表面に表れやすい特徴
・意欲的側面…目標の高さや活動エネルギーの大きさの特徴
・情緒的側面…行動に表れにくい気持ちの動きの基本的な特徴
・社会関係的側面…人や組織とのかかわりの中で表れやすい特徴
・能力的側面…選択した能力検査の得点と段階を表示
・人物イメージ…性格検査の特徴をもとにした、人物特徴の概要
・職務適応性…さまざまな特徴の職務への適応のしやすさ
・組織適応性…性格特徴の得点から、4つの典型的な組織風土への適応のしやすさ

※このほか、「人物イメージ」「自社の仕事に向いているか」「自社の社風に合う人材なのか」「面接で確認したほうがよいこと」が報告書に表示させる
※料金は1人あたり4000円から
※自社内もしくはテストセンターで受検するほか、WEBでどこででも受検が可能。

適性検査の種類にもよりますが、思考力・判断力・コミュニケーション力・応用力といった「汎用能力」を測定するほか、「人柄」「自社の仕事や社風への適性」についての結果が表示されるものもあります。

SPI以外の適性検査の一例

・玉手箱（日本SHL社）

就職採用向けのWEBテスト。検査項目は、「計数（四則計算、図表の読み取りなど）」「言語」「GAB形式の言語（本文を読んで後の問題文がその本文の内容に論理的に合っているかを選択）」「IMAGES形式言語（本文を読んで、その後の問題文が本文の趣旨かどうかを選択）」「英語（GAB言語、IMAGES言語）」「性格、意欲検査」など

・GAB（日本SHL社）

新卒総合職の採用に対応するテスト。検査項目は「言語（長文を読解し、その後の問題文が論理的に正しいか判断）」「計数（様々な種類の図表を読み取る）」「性格」など。ペーパーテスト版、WEB版がある。

・CAB（日本SHL社）

SEやプログラマーなどに必要な能力を測る「コンピュータ職適性判断テスト」。検査項目は「暗算」「法則性」「命令表」「暗号読解」「性格テスト」など。また、「知的能力」「パーソナリティ」「バイタリティ」「忍耐力」「チームワーク」などのコンピテンシーについても分析しており、IT関連以外の業界でも使える。

・TG-WEB（ヒューマネージ社）

近年、実施企業が増えているWEBテスト。「コンピテンシー（成果に結びつく行動特性）」「コーピング（ストレス対処力）」「チームコミュニケーション」「エンゲージメント」「パーソナリティ」といった特性のほか、「知的能力（言語・数理・英語）」などを測定。成果に結びつく可能性を見極める。

・クレペリン検査

ドイツの精神医学者・クレペリン氏が行った研究理論をもとに内田勇三郎氏がさらに研究を重ね、作業検査として確立させたもの。検査方法は、検査用紙に並ぶ1桁の数字を1段目1行目の左端から順番に足し算し、1分たったところで2段目の1行目に移り、さらに1分たったら3段目に移る、という作業を繰り返すもの（前半15分・休憩5分・後半15分）。検査終了後、各行の最後で計算された数字を線で結ぶと曲線（作業曲線）ができる。この受検者の性格によって、作業曲線にさまざまな特徴が見出されるため、性格検査として利用されている。

４　面接のスタイル、方針を決める

面接の持つ特性

「面接」は過去から現在に至るまで、採用選考の中で最も重視されてきた評価手法ですが、限られた時間で、人がその感覚によって判断するため、その精度については懐疑的にとらえられる向きもあります。主に次の２つのリスクがあると考えられています。

①応募者の特性によるバイアス

例えば、難関とされる大学に所属しているという事実をもとに「きっと優秀に違いない」と思い込んでしまい、後々判断が甘かったと後悔した……というケースは少なくない。人が人を評価する面接では、面接者個人の先入観に左右されやすいという傾向がある

②面接者によるばらつき

面接者個人の中では評価基準に一貫性があるものの、面接者が複数いる場合はその評価基準が異なり、組織としての統一基準による評価がなされない傾向がある

こうした面接の特性、特にマイナスの部分もふまえて、面接を設計する必要があります。

面接のスタイルを決める

面接のスタイルは大きく分けると3つあります。「個人面接」「集団面接」「グループディスカッション」です。それぞれの特徴をふまえ、自社の目的に応じて使い分けてください。

・個人面接

相手が1人なので質問の自由度が高い。相手に興味を持ったポイントに絞って突っ込んだ質問ができる。ただし、応募者が緊張しすぎて本来の資質や能力をうまく発揮できないことがある。失言を恐れるあまり、本音が表れにくいことも。また、1人1人の対応となるため、時間がかかる。

・集団面接

2人以上の応募者が相手。限られた時間で複数の応募者の面接が一度にできる。応募者の比較がしやすい。反面、個人的な事情を深掘りしにくい、特定の応募者だけに突っ込んだ質問ができないというデメリットも。

図表4－3　面接の基本的な流れ

あいさつ、応募書類の受け取り、雑談で「アイスブレーキング」を行い、応募者の緊張をほぐす

↓

応募書類の記載をもとに、学生時代の専攻や学内外での活動、志望動機などを確認

↓

面接担当者から自社の事業内容・仕事内容、期待していることなどを説明。応募者の理解度や興味の度合いなどを確認

↓

応募者から質問を受け付ける

↓

選考結果の連絡日、連絡方法を伝える

・グループディスカッション

テーマを与え、複数の応募者に自由に議論をさせる。5～10名程度。各応募者のコミュニケーション力、説得力、表現力を評価し、比較ができる。求める人材要件として「対人能力（親和力・協働力・統率力）」を重視している場合、その有無とレベルの観察・評価が可能。

ただし、ファシリテーター役の力量次第ではうまく進まなかったり、特定のメンバーの言動に大きく左右されて他の応募者の持ち味が十分発揮されないこともある。

面接担当者と、面接での役割を設定する

一般的には、1次面接は採用担当者と現場のスタッフ、2次～最終面接は上級管理職や経営者が行います。「現場スタッフ」は、所属を想定している部門の中堅社員や初級管理職、所属が未定の場合はいずれかの部門の社員

に依頼します。場合によっては、採用担当者＋所属部門初級管理職＋一般社員、採用担当者＋部門初級管理職2名などとしてもいいでしょう。複数名の方が、評価が偏る心配がありません。

そして、1次面接・2次（最終）面接でそれぞれどんなポイントに注目し、何を聞き出すか、逆に自社のどんなポイントを伝えるかをあらかじめ決めておいてください。

5 面接で質問する①――「求める人物像」をふまえた質問

面接に臨む際の心構え――応募者の立場に思いを巡らせてみる

ここからは、面接でどんな質問を投げかけるかについてお話ししますが、その前提としてぜひおすすめしたいのは、応募者の心境を想像してみるということです。学生も学業や就職活動、アルバイトなどで忙しい身。その中で時間を割き、準備をして面接に足を運んでいます。またほとんどは、初めて会う人との会話に、緊張を覚えずにいられないはず。それなのにいきなり「見定めてやろう」という上から目線で対応されると、戸惑いが先に立ち、互いを理解するべき場面にもかかわらず心を閉じてしまうかも知れません。せっかくの貴重な時間が、双方にとって無益なものになりかねません。

一方、もし面接者が「数ある企業の中から今日はうちに来てくれてありがとう」という気持ちで接すれば、応募者の心も和らぎ、前向きに質疑応答に臨めるのではないでしょうか。堅くなってしまい、本来の自分を出せない応募者も大勢います。それを理解した上で、緊張をほぐすような言葉がけをするなど、応募者が安心して話せるような場を作りましょう。それは、面接する企業にとっても、その応募者に対する理解をより深められるというメリットになるはずです。

また、当然ながら、限られた面接時間内で応募者のすべてを理解することはできません。「あれもこれも」と多方面から質問攻めにすると、応募者の人物像をつかめないまま終わってしまうこともあります。自社が最も重視することは何なのか、確実につかみたいポイントを意識して質疑応答を進めてください。

見極めたいポイントに合わせた質問項目を用意する

限られた時間内で、自社が重視する要素を備えた人材かどうかを見極めるためには、目的に合った質問項目を用意しておく必要があります。求める基礎能力を備えているかどうかをチェックする質問、仕事に対する姿勢や意欲の高さなどを裏づけるような話を引き出す質問、応募者の考え方や志向性を知るための質問などです。

面接の場では、応募者は自分をよりよく見せようと過剰なアピールをすることもありますし、逆に、緊張して本来の力を発揮できないこともあります。面接担当者として、その人が内に秘めているものを引き出すために、どんな質問を投げかければよいかのポイントを知っておいてください。

まずは、第2章でも取り上げた「基礎力」について、備えているかどうかを探るための質問例をご紹介します。

「対人能力」（親和力・協働力・統率力）を探る質問

他者と豊かな関係を築く「親和力」、目標に向けて協力的に仕事を進める「協働力」、場を読み組織を動かす「統率力」などを探りたい場合は、サークルやゼミでの活動経験、アルバイトの経験、ボランティア活動経験などを深掘りしてみるといいでしょう。そうした経験が乏しい場合は、学園祭などのイベントに参加した経験、趣味の活動にも注目してみてください。

質問例　「あなたはその組織（サークル、職場、チームなど）で、どんな役割を務めていましたか」

「あなたはその組織（サークル、職場、チームなど）の中で、どんな存在だったのですか」

「リーダーとして皆を引っ張っていました」という人もいれば「場を盛り上げるムードメーカーでした」という人、あるいは「人が嫌がる雑用を引き受けていました」という人、さまざまな答えが返ってくると思います。そのことについて、続けて、

質問例　「例えばどんな場面で、どんな行動をとっていましたか」

「自分のそうした役回りについて、どう感じていましたか」

……などとたずねてみてください。人への接し方、コミュニケーションの取り方、組織での振る舞い方などがわかります。

なお、ゼミやサークルなど学内活動の場と、アルバイトなど学外活動の場では、まったく異なる役割を担っていたり、「キャラクター」が異なっている場合もあります。どんな組織に身を置くか、どんな人を相手にするかで振る舞い方が変わることもありますので、その人の本質はどちらにあるのかにも注意しながら聴きましょう。

質問例「組織内で何かトラブルやアクシデントが起きたことはありますか。それをどう乗り越えましたか」

イレギュラーな事態でどのような行動を取るかには、その人の本質が表れるものです。この質問では、「課題発見力・解決力」なども引き出すことができますが、「対人能力」に注目する場合は、周囲とどう連携を取りながら解決に導いたかを中心に聞くといいでしょう。

「対自己能力」（感情制御力・自信創出力・行動持続力）を探る質問

質問例「自己アピールをしてください」
「あなたの長所（強み）を教えてください」

前向きに考えたり、やる気を維持する「自信創出力」は、自分の強みを認識し、それをどう活かすか考えることでわいてくるものです。その人が成長を続けていけるかどうかの目安にもなるといえるでしょう。

また、自らを魅力的な人材として表現できるということは、例えば営業・販売活動などにおいても、自社商品の魅力を顧客に伝えるスキルがあると期待できます。単に「私の強みは〇〇〇です」というだけにとどまらず、それを裏づける具体的なエピソードも聞いておきたいところです。

質問例「あなたの短所（弱み）を教えてください」

「長所（強み）」とセットで聞くことで、その人の自己分析力・自己認識力をより深く探ることができます。短所をしっかり語ることができれば、自分自身を客観的に見ることができているといえます。短所を聞いた上で、それを補うためにどんな努力をしているかもたずねてみるといいでしょう。短所をカバーしていこうとする姿勢は、自己変革力や成長力を備えていると期待できます。

また、自分の短所を話さなければならないのは精神的にハードルが高いため、この場面では「感情制御力」も観察することができるでしょう。

ほか、「あなたは周りの人からどんな人だと思われていますか？」なども、自分を客観的に見る習慣を持っているかどうかを探ることができる質問です。

質問例「将来かなえたい夢は何ですか？」

「5年後、10年後、どうなっていたいですか？」

主体的に動き、良い行動を習慣付ける「行動持続力」を探る質問です。「こうなりたい」という目標を持っている人は、それに向けて努力を続けられることが期待できます。

ここで返ってくる答えは、仕事に関することだけでなく、ライフスタイルの理想かもしれません。それでも、仕事へのモチベーションにつながるものであれば、仕事にも前向きに取り組めると考えていいのではないでしょうか。

中には、「遠い将来のことはまだわからない」「考えていない」という人もいるでしょう。しかし、即座に「目的意識に乏しい人」と判断しないでください。まだ若いうちは、目の前のことに全力で取り組みながら、今後の道を模索している途中であることも多いのです。この場合続けて、「当面の目標」について、次のようにたずねてみてください。

質問例　「当社でどんな力（キャリア）を身につけたいですか」
「当社で、どのポジションを目指したいですか」

当面目指す目標を認識していれば、日々成長のために努力していく下地ができていると期待できるでしょう。また、この質問では、応募者本人が描くキャリアプランと、自社がその人に期待する成長の仕方、将来担ってほしい役割がマッチしているかどうかの確認もできます。

質問例　「これまでで特に力を入れて取り組んだことは何ですか」
「何か思い切ってチャレンジしたことはありますか」

「チャレンジ精神」や「困難を克服する力」を探る質問です。これをたずねることで、その人が目標を設定し、その達成に向けて努力できるかどうかの素養が測れます。また、その目標は教師や親など第三者から与えられたのか、自身で設定したのかを確認することで、主体性があるかどうかも見ることができるでしょう。

また、努力した思い出には、喜びや悔しさといった「感動」の経験が伴っているものです。それを話すときには自然と素直な感情がわき出しやすいため、その人の本質も見えるでしょう。

「対課題能力」（課題発見力・計画立案力・実践力）を探る質問

質問例　「これまでで最も苦労したことは何ですか」

苦労した経験やピンチに陥った経験を語ってもらい、さらに「それをどう乗り越えたか」をたずねます。危機に直面したとき、その状況を分析して課題を認識し、解決策を考えられるかどうかが測れます。

また、どんな状況に対して「苦労」「困難」と感じるかは人それぞれ。大勢の人と話をして意見をまとめる作業を苦労と感じる人もいれば、1人きりでコツコツと長時間作業を続けることを苦労と感じる人もいるでしょう。本人がどんな状況を「苦労」と感じるかにより、自社の業務に伴う「苦労」「困難」に対してどう感じるか、乗り越えられそうかどうかを推測できます。

質問例 「大きな失敗をした経験はありますか」

これまでに失敗したこと、さらに、その失敗にどう対処したかをたずねます。ミスをおかした場合に、どうカバーすればいいかを判断し、すばやく行動を起こせるかどうかを探ります。なお、過去の失敗が減点につながることを恐れて「失敗経験はない」という人も中にはいます。その場合は、面接はお互いを知る貴重な場であることを伝えるなどして、学生が心を開けるよう導きたいものです。

質問例 「最近のニュースで、印象に残ったものは何ですか」

印象に残ったニュースについて、自分自身はどう考えたか、なぜそう考えたかなどをたずねます。社会に対して課題を認識する力、情報を分析する力は、仕事においても活かせることが期待できます。

総合的に「人間性」を探る質問

その人の基本的な性質、考え方、興味や志向の方向性を知りたい場合は、次のような質問が有効です。自社の仕事の特性、社風などにフィットするかの判断の目安となります。

質問例
「今までで一番うれしかったことは何ですか」
「今までで一番つらかったことは何ですか」
「最近、感動したのはどんなことですか」

仕事上の行動特性や能力は「アルバイト経験」から探る

中途採用とは異なり、新卒採用では「キャリア」から仕事能力を判断することはできません。しかし、アルバイトを経験した学生は多いはずです。それも1つの「キャリア」ととらえ、その経験から仕事上の能力や資質を探ることができます。次のような質問を活用してみてください。

質問例
「アルバイトでは、どのような姿勢で、どんなことを意識して取り組みましたか」
「アルバイトの業務で、独自に工夫したことはありますか」
「アルバイトで達成感を感じたのはどんな場面ですか」

「アルバイト経験から、どんなことを学びましたか」

6　面接で質問する②——「自社への理解度・関心度」を探る質問

志望の「本気度」を探る

自社への理解が不十分な状態の応募者は、基礎力や資質を評価して内定を出したとしても辞退されたり、入社後に不適応が発覚する恐れがあります。最終面接の場面では、自社の業界や仕事をどの程度理解しているのか、本気で取り組む姿勢があるのかも確認しておきたいものです。

例えば、次のような質問を投げかけ、反応を見てみてもよいでしょう。

質問例　「あなたが持っている強みは、当社の仕事でどう活かせそうですか」

この質問で、応募者が自社で働く姿をどこまで具体的にイメージしているかがわかります。「入社したらどんな仕事がしたい？」という聞き方でも、ある程度は理解度がつかめますが、自分の力をどう発揮しようとしているかまで考えが及んでいれば、それだけしっかり考えていると判断できるでしょう。

質問例「当社の仕事でつらいところは何だと思いますか」

志望動機をたずねたとき、あまりにも優等生的な答えが返ってきたりすると「マニュアル通りに話しているな」という印象を受けることもあるでしょう。そんな応募者の本音を探りたいときは、「当社の仕事のつらいところは何だと思うか？」を聞いてみる手もあります。仕事に対する研究が足らず、現実に対する理解が不足していると、入社後の不適応に悩むことになるかもしれません。

質問例（面接の最後に）「何か質問はありますか」

面接を一通り終えたら、質問があるかどうかをたずねます。ここでどんな質問が出てくるかによって、その人の自社への理解度、特に関心を持っているポイントがわかります。

例えば「仕事内容」を重視している人であれば、仕事の進め方などを具体的にたずねてくるかもしれません。「働く環境」を重視する人なら、職場の雰囲気について聞いてきたりします。個人の生活とのバランスを取りたい人の場合、残業時間や休日、育児休暇の取得実態などを気にする傾向があります。

また、応募者の中には、質問を用意していない、あるいは想定していた質問の答えを面接ですでに確認できた、といった状況から、言葉に詰まってしまう人もいます。実際、学生自身の面接に関する後悔として最もよく挙がるのが、「企業に『逆に質問はありますか』と聞かれて戸惑ったこと」なのです。もしこの問いに応募者がうろたえている様子が見られたら、「何でもいいので思いついたことを聞いてください」と促してみてはいかがでしょうか。ひょっとしたら、応募者があらかじめ用意してきたどんな言葉よりも、その人となりがうかがえるかもしれません。

質問例「面接前に当社に抱いていたイメージ、気持ちに変化はありましたか」

　面接の終わりがけに、こんな確認をしてみる手もあります。面接担当者から話を聞く中で、迷いが生じている可能性もあります。次の選考に進めたい人であれば、考えや気持ちに変わった部分はあるか、それはなぜかを確認してみてください。

面接での質問例まとめ

「対人能力」（親和力・協働力・統率力）を探る

・あなたはその組織（サークル、職場、チームなど）で、どんな役割を務めていましたか
あなたはその組織（サークル、職場、チームなど）の中で、どんな存在だったのですか
→例えばどんな場面で、どんな行動を取っていましたか
自分のそうした役回りについて、どう感じていましたか
・組織内で何かトラブルやアクシデントが起きたことはありますか。それをどう乗り越えましたか

「対自己能力」（感情制御力・自信創出力・行動持続力）を探る

・自己アピールをしてください
・あなたの長所（強み）を教えてください
・あなたの短所（弱み）を教えてください
・あなたは周りの人からどんな人だと思われていますか
・将来かなえたい夢は何ですか
・５年後、10年後、どうなっていたいですか
・当社でどんな力（キャリア）を身につけたいですか
・当社で、どのポジションを目指したいですか」
・これまでで特に力を入れて取り組んだことは何ですか
・何か思い切ってチャレンジしたことはありますか

「対課題能力」（課題発見力・計画立案力・実践力）を探る

・これまでで最も苦労したことは何ですか
・大きな失敗をした経験はありますか
・最近のニュースで、印象に残ったものは何ですか

総合的に「人間性」を探る

・今までで一番うれしかったことは何ですか
・今までで一番つらかったことは何ですか
・最近、感動したのはどんなことですか

アルバイト経験から仕事上の行動特性や能力を探る

・アルバイトでは、どのような姿勢で、どんなことを意識して取り組みましたか
・アルバイトの業務で、独自に工夫したことはありますか
・アルバイトで達成感を感じたのはどんな場面ですか
・アルバイト経験から、どんなことを学びましたか

「自社への理解度・関心度」を探る

・あなたが持っている強みは、当社の仕事でどう活かせそうですか
・当社の仕事でつらいところは何だと思いますか
・（面接の最後に）何か質問はありますか
・面接前に当社に抱いていたイメージ、気持ちに変化はありましたか

7 「してはいけない質問」に注意する

何気ない質問が「人権侵害」につながるかもしれない

「家族環境や家庭環境」「本籍地や居住地」「思想信条」に関する質問は、憲法で保障された基本的人権を侵害するおそれがあります。

また、職業安定法では、採用選考においては「業務の目的の達成に必要な範囲」でのみ情報収集することができると定めており、本人の適性や能力に関係ない情報を収集してはいけないことになっています。職業安定法に基づく厚生労働省の「指針」が定める「収集してはならない個人情報」には、以下のものがあります。

「人種、民族、社会的身分、門地、本籍、出生地、そのほか社会的差別の原因となるおそれのある環境」

「思想および信条」

「社会運動に関する情報」

くわしい項目は第6章に記していますので、目を通しておいてください。

後々トラブルに発展するケースもありますので、うっかりとでも就職差別につながるおそれのある質問をすることがないよう、面接を担当する人全員で知識を共有しておきましょう。

8　質問を掘り下げる

本質を探るため、一歩踏み込んだ問いかけを

面接の場では、応募者の「本質」「本音」の部分を引き出したいところです。しかしながら、応募者の中には「面接マニュアル」などに記載されている回答例をそのまま話す人もいます。「本人の言葉」で語ってもらい、その人がどんなことを考えているかを知るためには、「具体的にはどういうことですか?」「それはなぜですか?」といったように、掘り下げて問いかけてみましょう。

ただし、明確な答えが返ってこないからといって「しっかり考えていない」と判断して不採用にするのは、その人の潜在的な能力や素養を見過ごしてしまうことにもなりかねません。

注目したいのは、面接全般を通して見られた「基本姿勢」。「受け答えに誠実さを感じられたか」「自分自身の言葉で語ろうとしていたか」といったことから、今後の可能性を見定め

るようにしてはいかがでしょうか。

「特別な経験」をアピールしたがる学生には「何を得たか」まで問う

学生に自己PRを求めると、「サークルの代表を務めた」「海外を放浪した」など、「大きな話」をしたがる傾向があります。「特別な経験の方が受けがいい」と思い込んでいる学生が多いようです。しかし本来、自己PRを通じて知りたいのは、「その人らしさ」です。

　そこで、ついつい「特別な経験」を話してしまう学生には、「その経験を通じて、自分がどう変わったと思うか」「その経験が、志望する仕事でどう活かされると思うか」などと問いかけてみてください。

9　評価し、内定者を決定する

面接を行うにあたっては、「評価シート」を作成しておくといいでしょう。求める要素（MUST項目／WANT項目も設定）を並べて、それぞれに5段階などで評価する枠を設け、面接中あるいは面接後に評価ポイントを記入しておきます。複数の面接担当者がつけた

■ 面接評価シート

受付番号　　　　　　　　　　　実施日　　／　（　）

フリガナ		学　　校	
応募者氏名		学部・学科・専攻	
生年月日	年　　月　　日生　　　　歳	ゼミ・研究室	
希望職種	1. 2.	内容・担当教授	

↓各評価項目は自社に適したものに変更してご利用下さい。

評定項目	ポイント	判定
態度・マナー	□ □	A　B　C　D　E
志望動機	□ 意欲、姿勢 □ 事業への共感	A　B　C　D　E
進取性	□ オープンマインド □ 行動力	A　B　C　D　E
社会性	□ 順応性 □ 自立性	A　B　C　D　E
コミュニケーション力	□ 理解力 □ 表現力 □ 説得力	A　B　C　D　E
柔軟性	□ 変化対応力 □	A　B　C　D　E
	□ □	A　B　C　D　E
	□ □	A　B　C　D　E
	□ □	A　B　C　D　E

職務適性			
事務系	■職種	□ 営業	
		□ スタッフ	□
	■スタッフ部門	□ 商品企画	□ 経理・財務
		□ 営業企画	□ 総務
		□ マーケティング	□ 法務
		□ 人事・教育	□
技術系	■職種	□ 研究	□
		□ 開発	□
		□ 設計	□
		□ 管理	□

確認		希望	勤務地　（　　　） 希望部門①　（　　　） 希望部門②　（　　　）
観察特記		総合所見	
申送り事項		他社状況	
判定	是非採用　　次で判断　　不採用	判定者	部署名 氏名

ポイントを照らし合わせ、平均を取るなどした上で、「ＭＵＳＴ」項目のポイントが高い人を選ぶ――といった方法が有効と思われます。

中には、同じ項目でも面接者によって評価が分かれるものがあるかもしれません。それについては、「なぜそう感じたのか」を話し合うことで、多面的に応募者を評価できることでしょう。

面接評価シートのひな型は１４１ページを参照してください。このほか、ＷＥＢ上からダウンロードできるものも多くありますので、自社が使いやすいものを探して利用してみてもよいでしょう。

10　学生は企業や面接担当者のココを見ている

面接担当者の身なりや態度が見られている

採用選考は、企業側が一方的に学生を選ぶ場ではありません。学生側もまた、企業の良し悪しを判断しようとしています。能力や素養が高い魅力的な学生であれば、当然、他の企業からも内定を獲得することでしょう。そこで、企業側にとっては、優秀な学生に「選ばれる」ための努力が必要となります。「内定辞退」されないための心得、体制づくりを行いましょう。

特に、応募者と直接会う面接担当者は、「企業の顔」といえる立場にあります。応募者にとっては、面接担当者に抱く印象が、そのままその会社の印象になることも十分あり得るでしょう。だからこそ、面接担当者は清潔感のある身なりを整え、マナーをわきまえる必要があります。あまりにも普段とかけ離れた姿を演じる必要はありませんが、会社への信用やイメージを失墜させることのないよう、誠意を持った対応を心がけましょう。

以下にご紹介するのは、採用面接を受けた人へのアンケート結果です。

「面接担当者のこんな姿や態度を見て、〝この会社は大丈夫なのだろうか〟と不安を感じた」「不信感・不快感を覚えたので、内定をもらったが辞退した」という、応募者の証言の一例です。「自分はやってしまうかもしれない」と思い当たる点があれば、くれぐれも注意してください。面接に同席する現場担当者などにも、事前に伝えておくと安心です。

・身なりが不潔だった

・服装がだらしない感じだった

・ネクタイや服装が派手すぎる
・最初のあいさつからタメ口だった
・上からものをいわれている印象を受けた
・面接中、伸びをしたり、そっくり返ったりして、偉そうな態度だった
・面接中、下を向いて自分の方を全然見なかった
・面接中、かかってきた携帯電話に出て話していた
・質問してもあいまいな返事しか返ってこなかった
・やる気がなさそうな感じだった
・自社の「すごさ」ばかりを強調し、自慢気に話された

不採用者に対しても誠意ある対応を

不採用を決めた応募者であっても、最後まで誠実な対応を心がけてください。その人が自社商品やサービスのユーザーになったり、その人が就職する企業と取引を行う可能性もあるのですから。また、ネットやSNSを通じて誰もが情報発信できるようになった今、自社に反感を抱いた人がネガティブな情報を書き込み、評判の低下を招くこともあり得ます。

図表4－5　応募者は企業のココを見ている

＜面接前＞
・受付の対応は丁寧だったか
・すれ違う社員からイキイキと仕事をしている様子が伝わるか
・ロビーなどには、人が行き来して活気があったか
・社員の服装や身だしなみはイメージと近いか
・照明が暗い感じはしなかったか
・トイレは清潔だったか
・待合室の掃除はきちんと行き届いていたか
・待たされたときの対応はどうだったか
＜面接中＞
・自分の話を熱心に聞いてくれたか
・質問するチャンスをくれたか
・社員が自分の仕事に熱意と誇りを持っていたか
・面接担当者が複数だった場合、お互いへの信頼感があったか
・社員の雰囲気が自分と近かったか
・面接担当者や先輩社員の中に5年後、10年後の自分をイメージできる人はいたか

オフィスの様子や社員の姿が見られている

面接に訪れた応募者は、社内に足を踏み入れた瞬間から、隅々まで観察しています。面接担当者が丁寧で誠実な対応を心がけたとしても、他の社員の行動がマイナス印象につながることもあります。応募者の証言を以下に挙げました。

・受付の対応がいいかげんだった
・社員同士がムダ話をしていた
・トイレに入ったら、社員同士が愚痴を言い合っていた
・オフィスを見学させてもらった際、あいさつをして入室したが、チラリと見るだけで誰もあいさつを返してくれなかった
・社員の顔に覇気が感じられない
・トイレが汚れたままだった

・セキュリティ体制に不安を感じた

思い当たる点がある場合は、事前に対策をしておいてください。面接を行う場所や部屋を見直し、環境を整えましょう。また、応募者が面接に訪れることを事前に社員たちに伝え、「会社の顔」を自覚して行動するように注意を促しましょう。

11 応募者から受ける質問に答える

納得のいく回答が得られれば企業への信頼感も高まる

意欲の高い応募者であれば、事業や仕事についての質問を投げかけてきます。それに対し、相手が納得できる答えを返せないと、応募者は不安を感じ、入社意欲が低下するかもしれません。

ここでは、応募者から聞かれる可能性のある質問を挙げてみます。心積もりをしておいてください。その場で答えられなかった場合も、適当にお茶を濁すのは禁物です。明確に決まっていないことであれば、「これから検討します」「配属部門の担当者に確認して、後ほどお答えします」といった対応をするのが望ましいでしょう。

「入社後の配属、仕事内容」に関する質問

・どの部署に配属されそうですか。配属の希望はかないますか
・配属予定の部署の仕事について、くわしく教えてください
・私が担当する職種の、1日の行動スケジュールを教えてください
・現在進行中のプロジェクトの概要を教えていただけませんか

「入社後のスキルアップ、キャリアプラン」に関する質問

・研修制度はありますか。研修プログラムにはどんな内容がありますか
・資格取得の支援制度がありますか
・異動希望を出した場合、実現する可能性はあるのでしょうか
・社内公募制度はありますか
・入社何年目ぐらいで昇進するのが平均的なのでしょうか
・役職者の方の平均年齢は何歳くらいですか
・最年少の役職者の方は何歳ですか

「社内組織、職場環境」に関する質問

・平均年齢は何歳くらいですか

・配属予定先の社員構成、年齢構成を教えてください
・どんな社風ですか
・社内（配属先の現場）を見学させていただけますか

「評価制度、給与体系」に関する質問

・個々の業績はどのように評価されるのでしょうか
・「業績給」（「歩合給」「インセンティブ」など）の仕組みを教えてください
・業績が平均的（トップクラス）である場合の業績給はどのくらいですか
・手当にはどんなものがありますか

「勤務条件、待遇」などに関する質問

・残業はありますか　残業の頻度と月の平均時間を教えてください
・休日出勤はありますか
・転勤の可能性はありますか　あるとしたらどの地域ですか
・グループ会社への出向、転籍の可能性はありますか

その他、応募者から出る可能性のある質問

・入社までに勉強しておくべきことはありますか

・既存社員の人とお会いして話をさせていただくことはできますか
・配属予定部署の上司の方は、どんな方なのでしょう?
・仕事を離れた部分での社内の交流はどの程度あるのですか
・募集要項に記載されていた「○○制度」は、どの程度利用されていますか

第5章　内定から入社後のフォロー

1　内定を出す

「内定」と「内々定」の違い

選考を終えたら「採用したい」と判断した応募者に「内定」を出します。ただし、学生の場合は時期によって「内々定」と呼ぶことがあります。一体何が違うのでしょうか。

実はこの呼び方に大きく影響しているのが、第1章で紹介した「就職・採用のルール」です。長年大学生などの就職・採用においては、最終学年の10月1日が内定の解禁日とされてきました。そこで、それ以前に出す採用の意思表示を「内々定」と呼び、10月1日以降に正式な「内定」としてあらためて通知することが慣例となっています。

長年、この「内々定」と「内定」は、時期による呼び方の違いであるととらえられてきたのですが、リーマンショック直後の頃に「内定取り消し」が社会的な関心を集めたことを機に、「内定」は「内々定」より一層重いものであると認識されるように変わってきています（「内定にまつわる法規」については、第6章を参照してください）。

図表５－１　採用計画（予定）数および延べ内定総数

	①採用計画(予定)数		③延べ内定総数		差(③－①)
全体	414,000人	100.0%	434,000人	100.0%	20,000人
1,000人未満	321,000	77.5	322,000	74.2	1,000
1,000人以上	93,000	22.5	112,000	25.8	19,000
5 ～ 49人	87,000	21.0	68,000	15.7	－19,000
50 ～ 299人	158,000	38.2	165,000	38.0	7,000
300 ～ 999人	76,000	18.4	89,000	20.5	13,000
1,000 ～ 4,999人	63,000	15.2	77,000	17.7	14,000
5,000人以上	30,000	7.2	35,000	8.1	5,000

出所：『大卒採用構造に関する調査レポート』（リクルートワークス研究所）2012年4月

採用計画数に対し内定を出す数は、企業規模によって差がある

内定出しについて、まず新卒採用における各企業の実情を知っておいてください。

２０１１年に行った調査結果から、企業が採用内定（内々定含む）を出した状況を見てみましょう。図表５－１では、従業員規模５～49人の企業は内定総数が採用計画数より下回っていますが、それ以上の規模の企業では計画数よりも多く内定を出しています。採用計画数を１００とした場合で見ると（図表５－２）、延べの内定総数は全体では１０４・８。１０００人以上の企業は１２０・４と２割以上多く出しており、一方、１０００人未満企業は１００・３と、計画数とほぼ同数となっています。５～49人の企業となると78・２と８割を下回っており、その理由をたずねると「内定出しをしたいと思

図表5－2　採用予定数を100とした場合の、内定総数および採用数

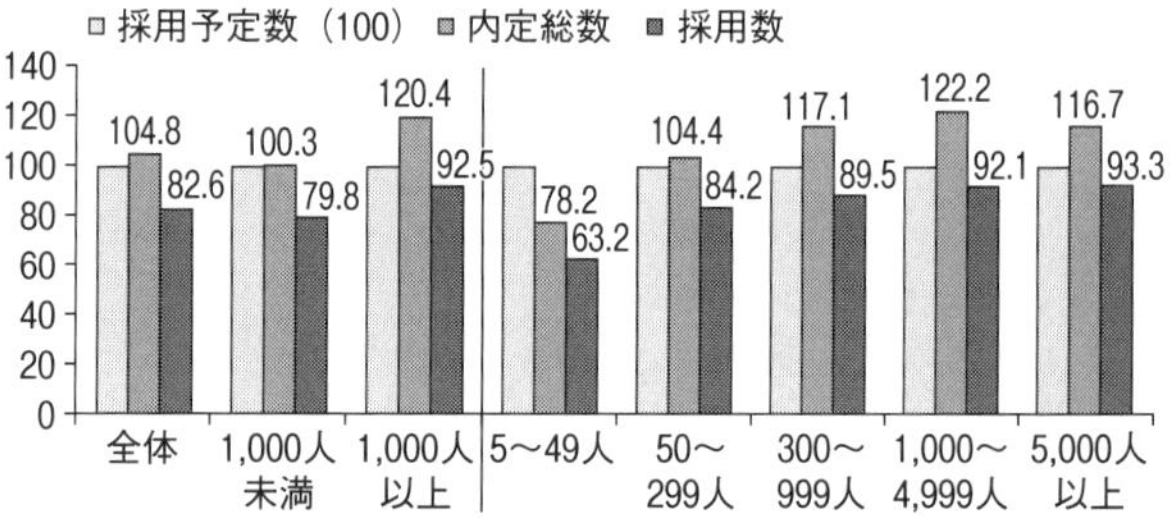

出所：『大卒採用構造に関する調査レポート』（リクルートワークス研究所）2012年4月

図表5－3　内定辞退者の有無

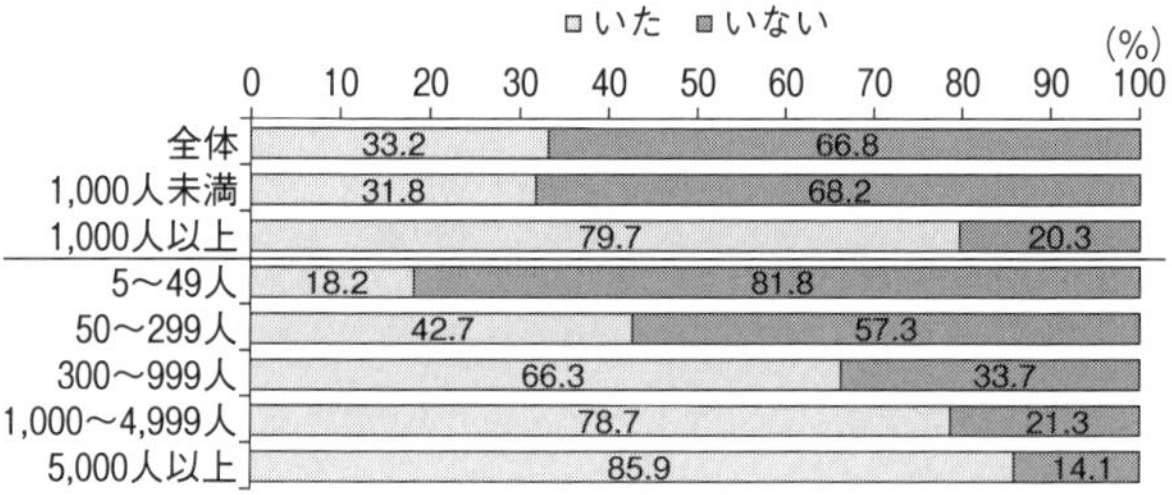

出所：『大卒採用構造に関する調査レポート』（リクルートワークス研究所）2012年4月

図表5－4　内定辞退者がいる企業のうち、採用活動終了後の辞退の有無

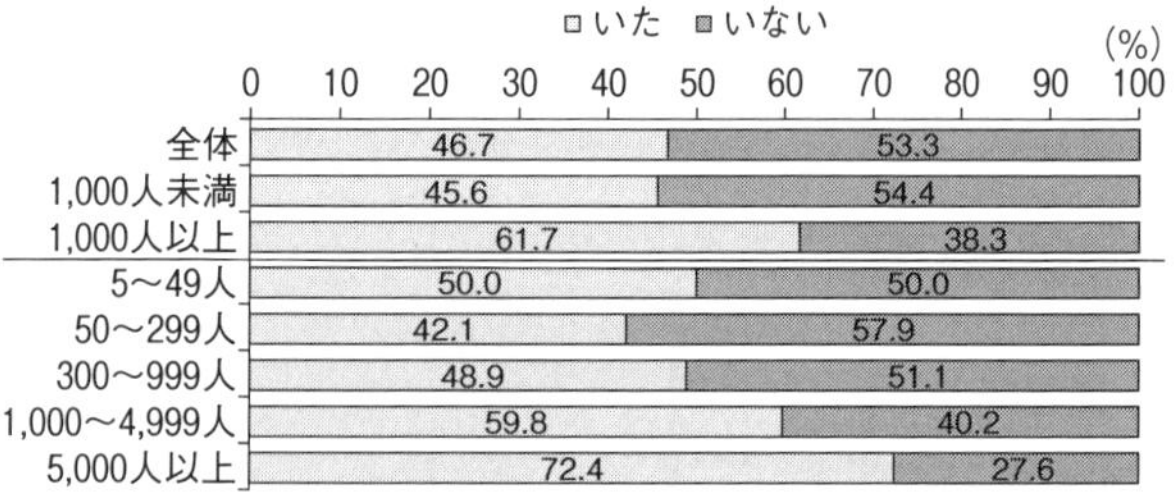

出所：『大卒採用構造に関する調査レポート』（リクルートワークス研究所）2012年4月

える学生との接点が不足した」という回答が多く、このゾーンの企業においては特に、応募者の質が大きな課題であることがわかっています。

大半の企業で「内定辞退」が起きる

では、「内定辞退」はどの程度発生するのでしょうか。同調査で「内定辞退者の有無」を企業に聞いたところ（図表5－3）、3社に1社の割合（33・2％）で「内定辞退者がいた」と回答しています。１０００人未満企業では31・8％ですが、内定者総数が多い１０００人以上企業では79・7％。このうち、５０００人以上企業では85・9％と、大半の企業で内定辞退者がいたことがわかります。

また、「内定辞退者がいた」という企業のうち、採用活動が終了した後に内定辞退者がいたかどうか聞いたところ（図表5－4）、2社に1社の割合（46・7％）で、採用活動終了後に内定辞退者がいたことになります。

内定辞退者の割合は、新卒採用市場の需給バランスによっても変わってきます。いずれにしても、可能であれば、辞退者が出ることを前提として内定を出す数を見極めることです。それが難しい中小企業などは、辞退者を出さないようなフォローをすることが重要です。

内定通知は電話・メールで伝達の後、書類を発送

応募者の選考を行った結果、採用を決めたら直ちに本人に通知します。応募者は結果を気にしていて、一刻も早く知りたいと思っています。まずは電話かメールで内定（内々定）の旨を伝え、後日、「内定通知書」を送付します。

内定通知書と同時に「内定承諾書」も渡します。これは、1～2週間程度の期限設定をして、返送してもらうよう伝えましょう。なお、内定承諾書が提出されたとしても、内定辞退は起こり得ます。内定承諾書を受け取ったからと安心せず、その後も内定者のフォローを行っていく必要があります。

なお、内定については、適切に行われるように厚生労働省が指針を定めています。具体的には、「事業主は採用内定を行うにあたり、次の事項について考慮すべき」としています。

①事業主は、採否の結果を学生・生徒に対して明確に伝えるものとする。

②事業主は、採用内定を行う場合には、確実な採用の見通しに基づいて行うものとし、採用内定者に対しては、文書により、採用の時期、採用条件及び採用内定期間中の権利義務関係を明確にする観点から取消し事由等を明示するものとする。

③採用内定は、法的にも、一般には、当該企業の例年の入社時期を就労の始期とする労働

年　　月　　日

＿＿＿＿＿＿＿＿様

○○○○○○○○○○株式会社
代表取締役　○○　○○　［印］

内定通知書

拝啓　ますます御健勝のこととお喜び申し上げます。

さて、このたびは弊社の新卒社員募集に際し、ご応募、並びに度々ご来社いただき、誠にありがとうございました。

慎重な採用選考の結果、貴殿を採用させていただくことに決定いたしましたのでここにお知らせいたします。貴殿と共に働く日を社員一同心待ちにしております。残り少ない学生生活も充実したものになりますようお祈りいたします。

敬具

・入社日は●●●●年４月１日となります。

問合せ先：○○○○○○○○○○株式会社
人事部　採用担当　○○　○○
TEL　XX-XXXX-XXXX
e-mail　xxxx@xxxx.xx.xx

〇〇〇〇〇〇〇〇〇〇株式会社
代表取締役　〇〇　〇〇　殿

内定承諾書

この度、私は貴社の社員採用に内定した旨の通知を受けました。

　つきましては、入社取り消し等の貴社へご迷惑をおかけしないことをここにお約束し、貴社へ就職することを承諾いたします。

また住所の変更、氏名の変更など一身上の事項に重大な変更があった場合は、直ちにその内容を貴社に報告いたします。

なお、下記に該当した場合は、採用内定が取り消されても異議はございません。

記

1. 平成●●年3月までに卒業見込みが得られないとき
2. 健康を著しく害し、貴社での就業が困難と認められたとき
3. 身元書類等の内容に虚偽の記載があった場合や、その他指定の入社日以前に学内外において不祥事を起こすなど採用を不当と考えられる事情が生じたとき

平成　　年　　月　　日

現住所

氏名　　　　　　　　　　　　　　　　(印)

以上

契約が成立したと認められる場合が多いことについて、事業主は十分に留意するものとする。

内定の契約が成立する要件や内定取り消しに関する法律問題については、第6章でご紹介していますので必ずチェックしておいてください。

2　内定者へのフォローを行う

内定者を管理し、確実に入社へ導く

内定から実際に入社するまでには長い期間があります。この間、企業側から内定者に対して働きかけるべきポイントは大きく3つあります。

①内定を辞退されないよう、確実に入社へ導く
②入社にあたって不安に感じている部分を解消する。入社への動機付けを強化する
③会社や仕事に関する基礎知識の取得を促し、入社後の早期戦力化を目指す

内定者の管理、働きかけの方法としては次のようなものがあります。

・定期的に連絡を取る

会社からの連絡が途絶えたら、内定者は不安に感じますし、気持ちが離れて入社への意欲

を失うかもしれません。電話、メール、あるいはSNSなどを使って定期的に連絡を取り、近況をたずねるようにします。年齢が近い社員との食事会などを設けてもいいでしょう。

また、内定者側から定期的に会社に近況報告をしてもらうやり方もあります。この場合、人事部長などではなく、気軽な雑談もしやすい相手――年齢の近い人事担当者や同じ大学の先輩社員などを担当者とするといいでしょう。

・内定者を集めて懇親会を行う

社員と内定者、さらに内定者同士が親しくなり、「仲間意識」が強くなれば、入社辞退の防止につながります。短時間でお互いの距離を縮めるには、食事を共にするのが有効です。お酒が入るとお互いに気持ちがよりオープンになり、話が弾むということで、飲み会を開催する企業も少なくありません。

ここでは、ただ飲んで喋って楽しんで会を終えるのではなく、社長や幹部社員からあらためてメッセージを贈ることも大切です。「こんな会社にしていきたい」「そのために、君たちにこんな期待をかけている」「一緒に成長していこう」といった思いを伝えることで、内定者のモチベーションアップにつながります。

ただし、社員の何気ない言動が「パワハラ」「セクハラ」と捉えられてしまうこともあるので注意が必要です。社員同士や信頼関係を築いている取引先などとの間では普通に行っているコミュニケーションでも、学生から見ると威圧的に感じるかもしれません。お互いの距離を縮めようとしての行為が、逆に内定者を萎縮させることにならないよう気をつけてください。

なお、最近の学生はゼミや研究、アルバイトや学外活動など、大変忙しくしている人も少なくありません。そういう学生からは「お茶やランチの方が参加しやすい」という本音も聞かれます。内定者の事情に合った企画立案が望まれます。

・社内イベントに招く

社内で何らかのイベントを行う際には、内定者も招待します。懇親会と同様、社員との交流、内定者同士の交流が促進され、仲間意識が強くなります。

・内定式を行う

採用人数が少ない中小企業では行われないケースも多いのですが、セレモニーには「意識を高める」効果があります。内定者は、内定式という改まった場に出席することで「自分はこの会社の一員になるのだ」ということを実感するものです。実施する場合は、内定者が「自分たちは期待されている」と感じられるように、社長や役員は全員出席するのが望ましいでしょう。

プログラムの内容としては、「役員の紹介・あいさつ」「社長あいさつ」「内定者の紹介」「入社日までのスケジュールの説明」などを行います。

・社内報を送る

「社内報」を発行していない会社でも、たとえ簡素なものであっても社内向けのニュースレター、あるいは社員全員に送信しているメールメッセージなどがあれば、内定者にも送るといいでしょう。会社の動きを知ることで、会社への理解が深まりますし、「会社の一員」となった実感がわくはずです。

・社内や関連施設の見学会を行う

本社オフィスのほか、店舗・ショールーム・工場・物流センターといった施設がある場合は、その現場を見学する会を設けます。施設や、そこで働く人の姿を見ることで、会社への理解が深まります。

・自社でアルバイトをしてもらう

入社前に「アルバイト」という形で仕事を経験することにより、仕事の流れ、組織の仕組みなどをつかむことができます。取引先に関する知識もつくでしょう。入社後、早い段階で仕事や職場になじむことができます。時期を夏休みや冬休みに設定すれば、学生の負担も大きくありません。ただし、強制するのは禁物です。「アルバイト募集」という形で通知し、希望した人のみを対象としてください。

・インターンシップを実施する

学事日程に影響しない範囲内で、仕事体験（インターンシップ）の機会を設ける手もあります。ただし、長期間にわたると学生側にも受け入れる現場にも負担をかけるかもしれません。第7章で紹介する「試職」など、1日〜数日間行う仕事体験プログラムも検討してみてください。

・家族への説明会・会社見学会を行う

知名度が低い中小企業の場合、学生が親に内定を告げた際、「その会社は大丈夫なのか」「もっと大きい会社を受けた方がいい」などと否定的な反応をされることもあります。社会経験がなく、自分1人で判断することに自信が持てない学生の場合、親の意見に左右されがち。本人に入社意欲があっても、家族の反対を受けて内定を辞退してしまうケースもあるのです。

そこで企業側は、内定者の家族に対しても、事業内容・経営状態・将来性などを伝えて理解してもらうことが大切です。家族を招いての会社説明会・見学会などを企画するのです。

家族が心配している点が、給与や福利厚生などの面なのか、会社の将来性のことなのかなど、不安材料を把握できれば、それを取り除くような資料やデータを作成して提供してもいいでしょう。

3　配属先を検討する

新人時代をどんな上司のもとで過ごすかが、キャリア形成に影響を及ぼす

新人のキャリア形成において、「最初の3年程度」はとても重要です。入社後、最初に配属された職場での直属上司との関係が長期的にキャリアに影響を及ぼすということは、さまざまな先行研究でも明らかにされています。入社直後のスタート時は横並びでも、3年たてば業績や能力に差が出てくるもの。その差を生み出す要因としては、本人の潜在能力や育成システムの差よりも、「仕事に対するモチベーション」「上司の指導の質」が大きいものです。入社したての新人にとって、上司は会社そのもの。先生であり、ロールモデルであり、ルールでもあります。良くも悪くも、その影響は甚大です。

つまり、人事担当者の役割は「優れた上司のもとに新人を置く」ということです。新人の配属に関しては現場からの要請に応える必要もありますので、自由に決められるわけではありませんが、直属の上司の資質の見極めは慎重に行いたいものです。

なお、プレイヤーとして高い実績を持つマネジャーが、必ずしも人材育成マネジメントの力も備えているとは限りません。人を指導する・育成するという点において意識が高く、資質を備えたマネジャーを選ぶべきでしょう。

新人を配属したら、その上司とその新人の長期的業績の関係性をデータ化してみるのも有効です。そうすれば、新人を成長させる力を持ったマネジャーは誰なのか、どういうタイプの人物なのかをつかめるため、その後の新人の配属・育成に活かせます。

一方、マネジャーに対しての意識付けも重要です。特に、これまで即戦力の中途採用が中心だった企業では、新卒社員を受け入れることに対して「面倒」「生産性が落ちる」などとネガティブにとらえるマネジャーも多いことでしょう。そこで、新人の育成を任せられるということは、「名誉なこと」「優れたマネジメント能力を評価された証」という認識を全社に広げていくことも、人事の役割といえます。

図表5－5　職務適応性と組織適応性

職務適応性

職務への適応のしやすさを5段階で測定
「どのようなタイプの仕事が得意か」

		職務適応性名
働きかけ	A	多くの人と接する仕事
	B	人との折衝が多い仕事
	C	集団を統率する仕事
協調	D	周囲と協調し協力しあって進める仕事
	E	人に気を配りサポートする仕事
始動	F	活動的にフットワークよく進める仕事
	G	てきぱきとスピーディーに進める仕事
	H	予定外のことがらへの対応が多い仕事
やり切り	I	自分で考えながら自律的に進める仕事
	J	目標や課題のプレッシャーが大きい仕事
	K	課題を粘り強く着実に進める仕事
思考	L	前例のないことに取り組む仕事
	M	新しい企画やアイデアを生み出す仕事
	N	複雑な問題を考え分析する仕事

組織適応性

組織への適応のしやすさを5段階で測定
「どのようなタイプの環境が得意か」

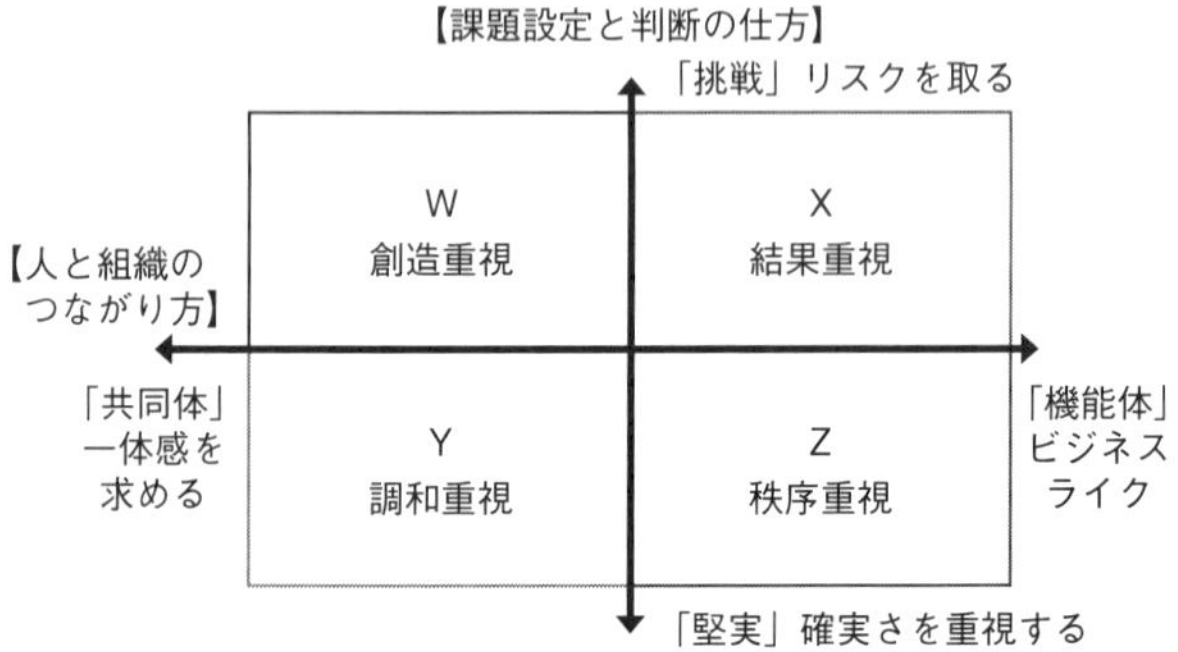

適性検査の結果をふまえ、ふさわしい職務・組織に配属する

選考時に実施した適性検査の結果を、配属先の選定に活かすのも手です。「ＳＰＩ３」などの適性検査では、「どのようなタイプの仕事が得意か（＝職務適応性）」「どのようなタイプの環境が得意か（どのような組織に適応しやすいか）（＝組織適応性）」の測定が可能ですので、それにマッチした部署、あるいは上司のもとに配属してもいいでしょう（図表５－５）。

４　研修の内容・手段を決定する

研修専門会社のプログラムを利用する

新入社員の育成についての計画を立てます。中小企業の場合、業務については、配属先で仕事を経験しながら先輩や上司に指導を受けるＯＪＴ（オン・ザ・ジョブ・トレーニング）が中心となるでしょう。ただし、基本的なビジネスマナーについては、現場で指導するとなると負担が大きくなります。ビジネスマナー研修は、専門の研修会社に依頼するのが効率的でしょう。採用人数が少ない場合は、外部で開催されている合同研修会に参加させる形で学ばせることも可能です。

基本的なものとしては、例えば、次のようなプログラムが用意されています。
・ビジネスマナーの基本
・あいさつ、言葉遣い、お辞儀
・名刺交換
・ビジネス電話のポイント
・電話応対、取り次ぎ方
・客先の訪問
・来客への対応
・仕事の進め方の基本
・職場のコミュニケーション（報告・連絡・相談）
・ビジネス文書の作成
・報告書の作成
・ビジネスメールの作成
このほか、身につけさせたい能力に応じ、次のような研修プログラムを利用する手もあります。

・思考（問題解決・ロジカルシンキング）
・情報収集、整理
・戦略、マーケティング
・コミュニケーション
・企画立案、プレゼンテーション
・英語学習法
・セルフマネジメント
・ストレスマネジメント
・キャリアデザイン

新卒者が早々に会社を辞めてしまう理由の上位には「成長感を感じられない」というものが見られます。研修で理論やノウハウを学び、日々の仕事の中で実践していくことで、成長の充実感を感じさせることができるかもしれません。

いずれにしても、学びには「タイミング」も重要です。入社直後に受けさせる研修、入社3カ月目に受けさせる研修、入社1年後に受けさせる研修……など、自社が描く新人の成長イメージに合わせ、研修内容と時期を検討しましょう。

なお、中小企業の場合、新人研修の実施に対して国から助成金が支給される制度もあります。厚生労働省が設けている「キャリア形成促進助成金」制度の中には「若年人材育成コース」があり、雇用契約締結後5年以内で35歳未満の若年労働者に対する訓練を実施した場合に利用できます。中小企業は、訓練の経費の2分の1、賃金８００円（1人1時間あたり）の助成を受けることができます。「Ｏｆｆ－ＪＴにより実施される訓練であること（事業主自ら企画・実施する訓練、または教育訓練機関が実施する訓練）」「助成対象訓練時間が20時間以上であること」が基本要件となっています（２０１４年11月現在）。対象となる事業主要件や申請方法など、くわしくは厚生労働省や都道府県労働局などのホームページで確認してください。

5　受け入れ体制を整える

管理職・教育担当者が、新人育成ノウハウを身につける

新入社員の早期離職は本人にとっても企業にとっても大きな損失です。新入社員を定着させるためには、新人が抱える悩みや課題を把握し、深刻化する前に解決に導くことが大切です。しかし、特に中小企業においては「新人研修の専門家」が存在するケースは少なく、現場任せになってしまいがち。人事担当者が気が付いた時点では取り返しがつかないことになっていることもあります。

新人の配属先の上司が、新卒者の受け入れに慣れていないのであれば、管理職向けに開催されている「新人の育て方」などの研修を受けてもらうのもいいでしょう。いわば「新卒社員の扱い方、接し方」などのノウハウを学ぶ研修です。特に、新入社員と世代が離れている管理職の方におすすめです。また、管理職だけでなく、新人の教育担当者（ＯＪＴを行うチームリーダーなど）向けの研修もあります。

折に触れてメッセージを伝える

新人にとっての最初の仕事は「職場や職務に早くなじむこと」です。新人は自社への入社を望み、希望と意欲を持って入ってきているわけですが、職場の人々と良好な人間関係が築けるまでは不安でいっぱいなのです。そこで、受け入れる職場では、次のようなメッセージを伝えていくことを意識してください。

「この職場では、あなたを人間として尊重し、歓迎しますよ」

「この職場にはあなたが成長する機会がありますよ」
「この職場にはあなたに担当してほしい仕事でやりがいのある仕事がありますよ」
「あなたが取り組んだ仕事の成果は正当に評価しますよ」
「あなたの成長を支援する上司や仲間がいますよ」

これらの言葉そのままを改まって伝えるというわけではなく、まずは受け入れるメンバー全員がこの意識を持ち、仕事を教えたり叱ったり誉めたりする中で思いを伝えていくことが大切です。

面談や同期会など、さまざまな手段でケアする

入社して間もない新入社員をフォローする方法としては、次のようなものがあります。新人をどのようにフォローするかの方針を検討し、担当者を決めたり、社内の協力体制を築いておきましょう。

・人事担当者による面談

現場に配属された後、悩んでいることなどはないかを確認します。1時間程度の時間を取

り、お茶を飲みながら、食事をしながらといったスタイルでもＯＫ。最初のうちから説得やアドバイスをするのではなく、まずはじっくり話を聴いてあげることから始めます。

悩んでいるポイントを把握したら、現場の上司と相談の場を設け、今後に向けての接し方など課題・解決策を共有します。

・メンター制度

「メンター」とは、優れた指導者、助言者、信頼のおける相談相手の意。仕事やキャリアにおいて、「適切な助言をしていい方向に導く人」を指します。新人に対し、そういう存在を会社側から提供するのです。「頼れる兄貴分／姉貴分」といったところでしょうか。新人が安心して相談できるような先輩社員を指名し、新人のサポートをするようにセッティングします。

・同期会

新人同士で誘い合って飲みに行ったりすることもあるでしょうが、会社側から飲み会の費用を支給するなどして、セッティングを促す手もあります。同期同士で悩みを相談し合い、励まし合い、刺激を与え合えることは、モチベーションの維持・向上効果が期待できます。

・新人向け勉強会

ストレスチェック・ストレスマネジメントツールの一例

・職業性ストレス簡易調査票（東京医科大学公衆衛生学講座）
職業性ストレス簡易調査票および、それを用いたストレスの現状把握のためのマニュアル
・仕事のストレス判定図（東京大学大学院　医学研究科　精神保健学・看護学分野）
職場や作業グループなどの集団を対象として仕事上の心理的なストレス要因を評価し、それが従業員のストレス反応や健康にどの程度影響を与えているかを判定
・労働者の疲労蓄積度自己診断チェックリスト（中央労働災害防止協会）
労働者自身が疲労の蓄積度についてセルフチェックするためのツール
・職業性ストレス簡易評価表（中央労働災害防止協会）
職場でどの程度ストレスを受けているのか、そしてどの程度ストレスによって心身の状態に影響が出ているのかを自分自身で評価
・ReCoBook（レコブック）（リクルートキャリア）
新人・若手のストレスやモチベーションの状態、成長度を定期的に確認。フォローが必要な社員を発見したり採用や定期面談、配置変更の参考情報として、現場の実態をふまえた人事施策を検討しやすくする
・Co-Labo（保健同人社）
ストレスの原因・結果だけでなく、「コーピング（ストレスの原因への対処）」と「コーピングの資源」も測定。ストレスとうまくつきあう「ストレスマネジメント」のための検査

新人が実際に仕事を始めてみて、つまずいているポイント、悩んでいるポイントなどをピックアップし、勉強会を開きます。学ぶテーマに合わせて、社員を講師に任命したり、外部から専門講師を招いたりします。

義務化された「メンタルヘルスケア」

2014年6月、「労働安全衛生法の一部を改正する法案（通称：スト

レスチェック義務化法案）」が国会で可決・成立しました。これは、メンタルヘルス対策の充実・強化するため、従業員数50人以上の全ての事業場に対し「ストレスチェック」の実施を義務付けるというものです。ポイントは次のとおりです。

・年1回の労働者のストレスチェックを、従業員50人以上の事業場に対して義務付ける

・ストレスチェックの結果を労働者に通知し、労働者が希望した場合、医師による面接指導を実施し、結果を保存する

義務化される、されないにかかわらず、社員のメンタルケアはとても重要です。2006年から開始された「メンタルヘルス・マネジメント―検定試験」（大阪商工会議所主催）の申込者数は7年で3倍強に伸びているとのことで、対策を強化している企業は増えているようです。まだまだ気持ちが不安定な新入社員に対しては、メンタルケアを意識しておくべきといえるでしょう。

なお、ストレスのチェックやマネジメントについては、さまざまな機関がツールを提供しています。職務や組織の特性、自社の課題に応じて活用してみてはいかがでしょうか。

6　採用活動を振り返り、今後の対策を講じる

成功した点、失敗した点を整理する

今後も新卒採用を続けていく場合、今回の新卒採用活動を振り返っておくことも大切です。うまくいった点、うまくいかなかった点を挙げ、その理由も分析しておきましょう。

「合同会社説明会で一緒になった他社が、こんな工夫で学生を集めていた」「学生からこんなことを言われた・質問された」なども記録し、次回の活動の参考にしてください。それを繰り返すことで、採用活動がどんどんブラッシュアップされ、成功率も上がっていくことでしょう。

177ページに「採用活動振り返りシート」のひな形を掲載していますのでご参照ください。

大学へ採用結果を報告する

大学のキャリアセンターを通じて採用活動を行ったなら、大学を訪問して結果報告するこ

■ 採用活動振り返りシート

記入者：　　　　　　　　　　　　　　　　実施日：　　/　　（　）

評価記入欄　1：大いに問題がある　2：やや問題がある　3:どちらでもない　4：概ね良い　5：大変良い

テーマ	項目	評価					備考
STEP1：事前準備	採用コンセプトの検討・決定	1	2	3	4	5	
	求める人材要件・人材像の設定	1	2	3	4	5	
	採用手法、採用ツール手法の検討・決定	1	2	3	4	5	
	大学の就職担当者へのあいさつ	1	2	3	4	5	
	就職情報サイトの営業担当者等との打ち合わせ	1	2	3	4	5	
	採用情報の準備（求人票・求人広告の作成）	1	2	3	4	5	
	自社ホームページ内への「採用情報ページ」の設置	1	2	3	4	5	
	活動計画の立案	1	2	3	4	5	
	社内各部署に対する採用活動方針の周知	1	2	3	4	5	
	社内各部署に対する協力体制の構築	1	2	3	4	5	
STEP2：募集（母集団の形成）	会社説明会の開催	1	2	3	4	5	
	就職情報サイトでの情報公開	1	2	3	4	5	
	大学の就職担当窓口等へ求人票を提出	1	2	3	4	5	
	OB・OGによるリクルーティング活動	1	2	3	4	5	
STEP3：選考	書類選考	1	2	3	4	5	
	筆記試験、適性検査	1	2	3	4	5	
	面接（集団/個人、一次/二次/～最終など）	1	2	3	4	5	
STEP4：内定～入社前フォロー	内定出し	1	2	3	4	5	
	内定者へのフォロー	1	2	3	4	5	
	内定者の配属先の検討・決定	1	2	3	4	5	
	研修の内容・手段の検討・決定	1	2	3	4	5	
	受け入れ準備	1	2	3	4	5	
	採用活動の振り返り	1	2	3	4	5	

とも忘れないでください。「こちらの大学からは○人の学生さんに内定を出しました。△△学部の××さん、◇◇学部の□□さんです。ありがとうございました」、そして来期も採用を行う予定であれば「来年もこんな採用計画を立てているので、ぜひ学生さんと接点を持てる機会があれば参画したいです」といったアピールもしておきます。

　また、学生が卒業後に社会に出て活躍しているかどうかは、大学側としても気にかかるところ。採用した学生が入社してしばらくたった後も、「××さんは元気で頑張っており、優れた成果を挙げています」といった報告をするといいでしょう。大学側の就職担当者も、「そういう会社には来年も学生を送りたい」と思うものです。次期の学生に対し、「この会社を積極的に紹介しよう」と思ってもらえるかもしれません。大学とのパイプは一朝一夕で作れるものではありませんが、こうした細かな積み重ねで信頼関係を築いていきましょう。

第6章　採用活動に関する法律を理解する

1　「公正な採用選考」のために

「採用の自由」に対して課される制限を意識しておく

企業には、憲法で定められている「経済活動の一環としての契約締結の自由」に基づき、雇用契約締結の自由＝「採用の自由」が認められています。言い換えれば、企業は事業活動に必要で最適な人材を求めて、採用活動を自由に行えることが保証されています。

一方、雇用契約の相手方となる個人側に目を向けると、同じく憲法において「職業選択の自由」が保証されています。個人は自身の自由意思によって、自らが就く職業を選択することができるのです。

このとき、採用活動の場面における「企業」と「個人」の関係を見てみると、一般的には最終的に採用を決定する側である企業が個人に対して優位な立場にあります。しかし、企業の採用活動が全く自由に放任されると、個人が職業（企業）を自由に選択することは非常に困難となってしまいます。このことから「採用の自由」は「職業選択の自由」に事実上制限されるという関係にあり、個人の「職業選択の自由」を妨げない範囲内で「採用の自由」が

図表6－1　公正な採用選考について

採用選考の基本的な考え方

ア採用選考に当たっては
・応募者の基本的人権を尊重すること
・応募者の適性・能力のみを基準として行うこと
の2点を基本的な考え方として実施することが大切です。
イ公正な採用選考を行う基本は
・応募者に広く門戸を開くこと
　言いかえれば、雇用条件・採用基準に合った全ての人が応募できる原則を確立すること
・本人のもつ適性・能力以外のことを採用の条件にしないこと
　つまり、応募者のもつ適性・能力が求人職種の職務を遂行できるかどうかを基準として採用選考を行うこと
です。就職の機会均等ということは、誰でも自由に自分の適性・能力に応じて職業を選べることですが、このためには、雇用する側が公正な採用選考を行うことが必要です。

出所：厚生労働省ホームページ

認められることとなります。また、憲法に定める「法の下の平等」との関係においても、雇用契約の入口の段階で不当な差別が起こらないよう「採用の自由」は制限を受けています。

　この章ではさまざまな法律について説明していきますが、企業による採用活動は、必ずしも法律に明文化されていないことでも、「法の下の平等」や「職業選択の自由」に照らして広く制限を受けることを心得ておいてください。

　採用活動に関わる法律の内容はもちろんのこと、こうした背景への理

解も含めた予備知識がないと、自覚できないまま不適切な採用選考活動を行ってしまう可能性もあります。結果として不適切な採用選考を行ってしまった場合には、社会から自社に対する信頼を大きく損ねることにもつながりかねませんので、正しく理解し、基本的な知識を押さえておくことが大切です。

前提を理解するにあたっての指針は、厚生労働省による「公正な採用選考について（図表6－1）」を参考にしてください。採用活動においては、法律で定められているものに限らず、この原則に照らして反する行為を行っていないか、注意を払うようにしましょう。

2 「採用の自由」に対して課せられる制限

採用の自由は「職安法」「雇均法」「雇対法」などにより制限される

企業に認められている「採用の自由」についてすこしくわしく確認してみましょう。具体的に何についての「自由」であるのかは、次のように定義されています。

①雇入人数決定の自由……何人の労働者を雇用するか
②募集方法の自由……どのような方法で労働者を募集するか

③選択の自由……どのような人を、どのような基準で採用するか
④契約締結の自由……労働契約を結ぶかどうか
⑤調査の自由……採用選考にあたり、応募者がどのような人物かを調査する

このうち②③⑤については、原則として自由であるものの制限が加えられ、一部は法律においても規定されています。

採用の自由を制限する法律には、主に次のようなものがあります。

「職業安定法（職安法）」

職業安定法（以下、職安法）は、職業紹介事業・労働者供給事業に関するルールを定める法律であるだけでなく、募集主としての求人企業が行う募集活動についてもルールを定めています。求人企業が行う募集活動に関わるルールとして代表的なものには、労働者募集にあたり業務内容・賃金・労働時間など労働条件を明示する義務や、採用活動において個人情報を適切に収集・管理する義務（人種・民族・社会的身分・門地・本籍・出生地その他社会的差別の原因となる恐れのある事項、思想および信条に関する事項、労働組合の加入状況などの情報収集の禁止など）が定められています。

「男女雇用機会均等法（雇均法）」

1986年に施行された法律で、当初は、日本の労働市場の当時の実情に鑑み、労働社会での男女平等の実現、女性の地位向上を目指し、女性に対する待遇の改善を求めるものでした。しかし、2007年の改正で男女に関係なく、性別によって採用や入社後の待遇において差を設けることが禁止されました。採用の場面においては「男性のみ」「女性のみ」のように特定の性別を対象として募集を行うことはできなくなり、③選択の自由に制約を加えています。

ただし、例外として女性の優遇が認められる場合があります。「ポジティブ・アクション」に該当する場合です。ポジティブ・アクションとは、「男女労働者間に事実上生じている格差を解消するための自主的かつ積極的な取り組み」のことです。例えば、旧来の男女の役割分担が固定化されていて、「営業部門に女性が配置されていない」「管理職の大半を男性が占めている」といった差が男女労働者の間に生じている場合、その差を解消しようとする企業の取り組みを指します。この目的において行う、女性のみを対象とする募集活動や格差解消のために女性を有利に取り扱う措置は、法違反とは見なされません。

この「ポジティブ・アクション」の適用は、募集対象となる特定の役職、職種、雇用管理区分などにおいて、女性の割合が概ね４割を下回っていることが条件となります。ただし、あくまで男女の差を「是正」する目的で適用されるものなので、単に女性を優先したい、有利に処遇したいという意図で行う場合は適用できません。そのため、ポジティブ・アクションの目的を明確に設定することが重要です。

男女雇用機会均等法、ポジティブ・アクションについては、各都道府県の「雇用均等室」が周知活動、履行確保のための施策を担当していますので、迷った場合は相談してみるといいでしょう。

「雇用対策法（雇対法）」

この法律は、少子高齢化など社会情勢の変化に対応し、労働市場の機能が適切に発揮され、労働者が能力を発揮することを目的とするものです。２００７年に大きな改正が行われ、その改正雇用対策法では、事業主による労働者の募集・採用における年齢制限が禁止されました。

年齢制限を禁止するのは、個々人の能力や適性で判断して採用することによって均等に働く機会が与えられるようにするという意図があります。

なお、この法律には、前述の「少子高齢化など社会情勢の変化に対応し、労働市場の機能が適切に発揮され、労働者が能力を発揮すること」という大目的を実現するために、一部例外として、年齢制限を設けることが可能な場合があります。

代表的なものでは、例えば、「特に就職の厳しかった時代に就職することができず、そのままニートやフリーターとなり、一貫した就業経験を積む機会に恵まれなかった人が、長期キャリア形成が見込める職業に新たに就職しやすくするために年齢制限を行う場合（3号のイ）」や、「企業が経営を続け労働者を雇用し続けていくために必要な技術や経営ノウハウを継承する対象となる人材の層が不足している場合、企業経営の継続のためにそうした人材の確保の促進を目的に年齢制限を行う場合（3号のロ）」などがそれに当たります。

この他にもいくつか例外として年齢制限が可能なケースが存在しますが、いずれも運用にあたっての諸条件が定められています。実施する際には厚生労働省や各労働局が提供するパンフレットなどを参考に事前に確認するようにしてください。

3　応募書類や面接で「聞いてはいけないこと」

「適性」「能力」に関係がない質問はＮＧ

先ほど、厚生労働省の指針「公正な採用選考について」をご紹介しました。その指針では採用選考にあたって「応募者の適性・能力のみを基準として行うこと」とされています。

このため、適性と能力に関係がない事項について応募書類への記載を求めたり、面接でたずねることは、「就職差別」ととらえられる恐れがあります。

具体的には、次のような項目についての質問は控えなければなりません。

〈本人に責任のない事項〉

・本籍・出生地に関すること（「戸籍謄（抄）本」や本籍が記載された「住民票（写し）」を提出させるのは不可）

・家族に関すること（職業、続柄、健康、地位、学歴、収入、資産など）（つまり、家族の仕事の有無・職種・勤務先、家族構成などをたずねるのは不可）

・住宅状況に関すること（間取り、部屋数、住宅の種類、近郊の施設など）
・生活環境・家庭環境などに関すること

〈本来個人の自由であるべき事項（思想信条にかかわること）〉
・宗教に関すること
・支持政党に関すること
・人生観、生活信条に関すること
・尊敬する人物に関すること
・思想に関すること
・労働組合・学生運動など社会運動に関すること
・購読新聞・雑誌・愛読書などに関すること

実際の質問例をいくつか挙げてみましょう。

「お父さんはどんな仕事しているの？」「兄弟は何人？」「祖父母とは同居しているの？」「著名人で影響を受けた人はいる？」「普段どんな本を読んでいるの？」「新聞を購読してい

る？　何新聞？」

――いかがですか。雑談の中で、何げなく口をついて出てきそうな質問ですよね。決して悪気はなくても違反は違反です。くれぐれも注意してください。

なお、面接の場で行う質問だけでなく、自社独自のエントリー受付フォームを使用している場合にも注意が必要です。老舗企業などでは、昔から使っているフォームやアンケートシートなどに「ＮＧ項目」が残っているケースもよく見られますので、見直しておきましょう。

また、選考で作文や論文を書かせる場合も、テーマ設定に配慮してください。人生観や思想が表れるようなテーマは避けるべきです。

４　採用選考時の「健康診断」は原則ＮＧ

健康診断は「就職差別」につながることも

採用選考時に応募者の健康診断を行うことは、「応募者の適性と能力を判断する上で必要のない事項を把握しようとしている」と見なされます。

労働安全衛生規則第43条には「雇入時の健康診断」が規定されていますが、これは常時使用する労働者を雇い入れた際における適正配置、入職後健康管理に役立てることを目的とした健康診断を義務付けるものであり、採用選考時に実施する健康診断のことではありません。当然、応募者の採否を決定するために実施するものでもありません。つまり、採用選考時の健康診断は「就職差別」につながる恐れがあります。

ただし、業種や職種によっては、仕事内容の特性上、健康状態の確認が必要なものもあります。肉体的にハードな仕事、時間が不規則な仕事などでは、健康状態が職務遂行能力の判断の一要素となるケースも一部にはあるようです。あるいは、職務中に倒れたり発症した場合、周囲や事業に深刻なダメージを与えるような仕事、すぐに救護を受けられないような環境で行う仕事の場合も、判断は慎重にならざるを得ません。そうした業界では、健康診断結果を選考材料の一要素とすることがあるのも事実です。ただし、そうした企業では、職務内容に照らし、あらかじめ専門家にも相談した上で採用選考段階での健康診断の要否を慎重に判断しているものと思われます。やはり仕事に著しく支障をきたす恐れがない限りは、健康診断を選考に組み込まないのが原則です。

5　「内定」に関する法規

「労働契約の成立」には複数の解釈がある

選考を終えて学生に内定を出す際には「内定通知」を発送します。その後、学生から「承諾書」や「誓約書」の提出を受けるのが一般的な流れです。

ここで押さえておきたいのは、何をもって「労働契約の成立」となるかということです。前提として、「契約」とは「申込」と「承諾」によって成立するものと、民法で規定されています。労働契約においても、「申込」と「承諾」によって契約成立となります。このとき、特に文書は必要とせず、口頭でも契約は成立します。

さて、採用活動においては、どの行動が「申込」「契約」に当たるのか、場合によって解釈が分かれます。求職者が応募することを「申込」、企業が内定を出すことを「承諾」と見なす場合もあれば、企業が内定を出すことを「申込」、内定告知された応募者が入社意思を示すことを「承諾」と見なす場合もあるのです。

これは、やむを得ず内定を取り消すような場合で、それをめぐり応募者側から訴えられた際などに争点となるポイントです。つまり、企業側が「内定は出したけれど、本人から承諾書を受け取っていないから契約は成立していない」と主張したとしても、企業側が内定を出した時点で「申込を承諾した」と解釈されれば、契約は成立していることになり、主張は通らないわけです。

このように自社の認識と法律の解釈にはギャップがあることもあります。採用内定を伝達するのも、内定取消の検討も、自身や自部署の判断だけで安易に行わず、会社の経営に関わる重要な判断として慎重に取り組みたいものです。

「内定取消」が認められる場合は限られている

応募者に内定を出した後、事業計画に変更が生じたり、業績の見通しが厳しくなった場合など、「内定を取り消したい」と考えることもあるでしょう。しかし、内定取消はそう簡単に行えるものではありません。時折ニュースを騒がせているように、法廷で争われることもあります。

そもそも「内定が成立した」というのは、企業と学生が「始期付解約権留保付労働契約」という契約を締結するということです。このとき、「就労の始期」と「解約権留保」という

２つの条件が付帯していますが、「労働契約」という契約が成立しているということがポイントです。

なお、「始期付」とは、労働条件として「就労開始日」を設けることで、新卒採用においては、多くの場合「４月１日」が指定されます。一方「解約権留保付」とは、就労開始日までの期間中、理由次第では契約を解除できるという「解約権」を保持したまま労働契約が成立しているということです。

いわゆる内定取消は、この「解約権」を行使して行われることになるわけですが、この「解約権」は無条件に行使できるものではありません。前述のとおり、「内定」は「始期付」であっても「解約権留保付」であっても「労働契約」が成立していることに変わりはなく、この解約にあたっては、労働契約法や労働基準法の「解雇」についての規定が適用されます。ですから、内定の取り消しとは、通常の従業員の解雇と同様に決して容易にできるものではないと認識しておいてください。

〈労働契約法第16条に基づく規定〉

客観的に合理的な理由を欠き、社会通念上相当であると認められない場合は、権利の濫用であるとして、解雇は無効とされます。

〈労働基準法第20条・第22条に基づく規定〉

企業には、30日以上前の予告手続や、採用内定取消の理由について内定者が証明書を請求した場合に交付する義務があります。

合理的な理由があれば、内定取消も可能

前述のとおり、内定を取り消す場合には、解雇と同じく「客観的に合理的な理由」が必要となります。内定取消が認められる事由としては、以下のようなものが考えられます。

・留年・落第
・通常の就労に支障が出るほど健康状態が著しく悪化する
・提出した応募書類上で経歴などに関する重大な虚偽記載が発覚する
・内定後に判明した重大な違反行為・犯罪行為

なお、「不況による企業の経営状態の悪化」を事由に内定取消の判断がなされることもあるようです。しかし、一定の経営計画に基づいて募集を行っておきながら、数カ月後に採用を取り消すほど状況が悪化するとは通常は考えられず、「不況」や「経営状態の悪化」は内

図表６－２　企業が労働者に対して明示しなければならない労働条件

（労働基準法施行規則第５条より）
・労働契約の期間
・就業の場所、従事すべき業務に関する事項
・始業・終業の時刻、所定労働時間を超える労働の有無、休憩時間、休日、休暇など
・賃金の決定、計算および支払の方法、賃金の締切り・支払の時期、昇給に関する事項
・退職に関する事項（解雇の事由を含む）
・退職手当の定めが適用される労働者の範囲、退職手当の決定、計算および支払の方法、退職手当の支払の時期に関する事項
・臨時に支払われる賃金、賞与など
・労働者に負担させるべき食費、作業用品その他に関する事項
・安全・衛生に関する事項
・職業訓練に関する事項
・災害補償および業務外の傷病扶助に関する事項
・表彰・制裁に関する事項
・休職に関する事項

定取消にあたって、「客観的に合理的な理由」と当然に認めるものではありません。経営状態の悪化が事実でも、それを予見できなかった企業側の責任も問われることとなりますので、慎重な判断が求められることには変わりありません。

内定から入社までに労働条件を提示する

労働基準法においては、「使用者は、労働契約の締結に際し、労働者に対して賃金、労働時間その他の労働条件を明示しなければな

らない」と定められています（図表６－２）。

中途採用では、内定通知と一緒に労働条件を記した書類を渡すのが一般的ですが、新卒採用では内定から入社までの間のいずれかのタイミングで、就業規則を渡す企業も多いようです。なお、労働条件について記載すべき事項は、「労働基準法施行規則第５条」に示されています。

内定後の研修についてのルール

内定後、入社までの間に研修を行う企業も多数あります。では、内定者に対し、参加への強制は認められるものなのでしょうか。また、研修に参加しなかったことを事由として内定を取り消すことはできるのでしょうか。これは研修内容によって判断が変わるところです。

本来、学生は学業に専念するべき立場にありますので、学業に支障がある場合などは、研修への参加を辞退することも可能です。例えば、研修という名目でありながら、実際には社員と内定者、内定者同士の親睦を深めることを目的に招集するケースもありますね。こうした内容であれば、参加の必要性は低いと判断されるでしょう。

一方、参加の必要性が非常に高い研修もあります。例えば、４月１日から業務を行うにあたって必須となる資格・スキルを身につけるための研修です。こうした研修であれば、ある程度の強制力はありますが、実施する時期や期間に十分な配慮が必要であることに加え、募集段階でこうした研修への参加が採用条件となる旨を明示しておく必要があると思われます。

なお、「研修」という名のもとに、内定者にどんなことをさせてもいいわけではありません。入社後の職務遂行に必須の内容として研修を受講させる場合や、実際に指揮命令が発生する場合など、内容によっては「労働」と見なされることもあり、その場合は内定者を臨時的に「雇用」することになります。この場合は賃金の支払いも発生することになります。

6　「試用期間」に関する法規

法律上の定義はなく、企業ごとに対応が異なる

「試用期間」には法律上の定義というものはありません。意味合いは企業によって異なってきますが、一般的には、採用した人の能力・仕事への適性・人間性・勤務態度などを評価し、正式に採用するかどうかを判断する期間とされています。

試用期間の日数は、原則として自由に設定することができます。通常は3カ月から6カ月

程度。なお、試用期間の延長は、従業員の同意を得ずに一方的に決めることはできません。

また、試用期間中であっても労働契約は成立しています。労働基準法をはじめ、労災保険、健康保険、雇用保険などが適用されることになります。

「試用期間中なら容易に解雇できる」という誤解

消費財などの場合は、「お試し期間」中に商品を体験使用し、満足いかなければ返却・解約ができる場合があります。それと同じ感覚で、「試用期間」という名目があれば簡単に解雇ができると考えるのは大きな誤解です。実際には、通常の解雇よりほんの少しだけ解雇事由の制限がゆるい程度と考えてください。

試用期間中は理由を問わず解雇できると誤解されがちな理由の1つが、労働基準法の第21条に定められている、解雇予告義務を不要とする規定です。この条項では、就業を開始して14日以内に解雇を行う場合には、労働基準法第20条で定める30日前の解雇予告（あるいは解雇予告手当の支払い）義務が免除され、解雇にあたっての事前の予告は不要（実質的に日数が足らず不可能でもある）であることが定められています。

ただし、この規定は「解雇予告」という手続きを免除するだけで、解雇にあたって客観的に合理的な理由が必要となる点については一切影響するものではない、という点に注意が必要です。この労働基準法第21条を誤解し、「試用期間であれば理由を問わず解雇できる」と考えている人も少なくありません。

本採用拒否が可能なケース

試用期間を経て、本採用しないことに決定した場合――つまり「本採用拒否」をするには解雇と同様に「客観的に合理的な理由」が必要となります。この場合、「客観的に合理的な理由」として認められる可能性がある例としては、次のようなものが考えられます。

・出勤率が８割以下
・勤務態度や接客態度が悪く、注意しても改善する意欲が見られない
・上司に対して反抗的な態度を取ることが多い
・協調性を欠く言動が多く、職場のチームワークに支障をきたす
・禁止されているにもかかわらず、職場で政治活動や宗教活動を行う
・長期にわたって健康を害し、試用期間満了後の復帰が難しい
・経歴の詐称

なお、単に「能力不足」として本採用拒否の理由とするのは原則として不可です。企業が教育を行うことによって戦力化を図る努力が求められます。

7 「身元保証」に関する法規

責任を負う範囲、効力は限定的

企業によっては、従業員の行為によって企業が受けた損害を従業員本人が賠償できない場合に備え、身元保証人を立てるよう求めておくことがあります。この際、身元保証人と企業の間で「身元保証契約」が結ばれます。身元保証書は法的に必須とされていませんので、提出させるかどうかは会社ごとの判断によります。

なお、身元保証人として「父」「母」など続柄の属性で限定することは好ましくないでしょう。また、内定後、身元保証人を立てられないことがあった場合でも、その事実だけでは直ちに内定を取り消す当然の理由にはならないと考えられます。採用にあたり身元保証人を条件とする場合には、少なくとも募集時にその旨を記載しておくべきでしょう。

また、身元保証契約を交わしたとしても、実際には会社の損害に対するすべての補償を身

図表６－３　身元保証に関する法律

第１条

引受、保証その他どのような名称であっても、期間を定めずに被用者の行為によって使用者の受ける損害を賠償することを約束する身元保証契約は、その成立の日より３年間その効力を有する。但し、商工業見習者の身元保証契約については、これを５年とする。

第２条

1.　身元保証契約の期間は、５年を超えることはできない。もしこれより長い期間を定めたときは、これを５年に短縮する。

2.　身元保証契約は、これを更新することができる。但し、その期間は、更新のときより５年を超えることはできない。

第３条

使用者は、左の場合においては、遅滞なく身元保証人に通知しなければならない。

1.　被用者に業務上不適任または不誠実な事跡があって、このために身元保証人の責任の問題を引き起こすおそれがあることを知ったとき。

2.　被用者の任務または任地を変更し、このために身元保証人の責任を加えて重くし、またはその監督を困難にするとき。

第４条

身元保証人は、前条の通知を受けたときは、将来に向けて契約の解除をすることができる。

身元保証人自らが、前条第一号及び第二条の事実があることを知ったときも同じである。

第５条

裁判所は、身元保証人の損害賠償の責任及びその金額を定めるとき、被用者の監督に関する使用者の過失の有無、身元保証人が身元保証をするに至った事由及びそれをするときにした注意の程度、被用者の任務または身上の変化その他一切の事情をあれこれ照らし合わせて取捨する。

第６条

本法の規定に反する特約で身元保証人に不利益なものは、すべてこれを無効とする。

元保証人に求めるのは難しいと考えてください。「身元保証に関する法律」により、身元保証人の責任は限定的なものとされています（図表6－3）。保証人にとって大きな負担となるような補償を負わせることはあり得ないのが現実なのです。身元保証契約の期間も3年、長くても5年という制限があります。

8 「個人情報」に関する法規

「個人情報保護法」に則った手続きを行う

採用を行う企業は応募書類を受け取る立場にありますので、応募書類に記された「個人情報」を厳重に管理・保護する義務があります。万が一、情報が漏えいして不正に使用された場合、深刻なトラブルに発展する恐れがありますので、取り扱いには十分に注意しましょう。

まず、ここで順守すべき法律は「個人情報の保護に関する法律」（個人情報保護法）です。

ここで定義される「個人情報」とは、「生存する個人に関する情報であって、当該情報に含まれる氏名、生年月日その他の記述などにより特定の個人を識別することができるもの（他の情報と容易に照合することができ、それにより特定の個人を識別することができるこ

図表６－４　個人情報に該当する事例

1. 本人の氏名
2. 生年月日、連絡先（住所・居所・電話番号・メールアドレス）、会社における職位又は所属に関する情報について、それらと本人の氏名を組み合わせた情報
3. 防犯カメラに記録された情報等本人が判別できる映像情報
4. 特定の個人を識別できるメールアドレス情報（keizai_ichiro@meti.go.jp 等のようにメールアドレスだけの情報の場合であっても、日本の政府機関である経済産業省に所属するケイザイイチローのメールアドレスであることがわかるような場合等）
5. 特定個人を識別できる情報が記述されていなくても、周知の情報を補って認識することにより特定の個人を識別できる情報
6. 雇用管理情報（会社が従業員を評価した情報を含む。）
7. 個人情報を取得後に当該情報に付加された個人に関する情報（取得時に生存する特定の個人を識別することができなかったとしても、取得後、新たな情報が付加され、又は照合された結果、生存する特定の個人を識別できた場合は、その時点で個人情報となる。）
8. 官報、電話帳、職員録等で公にされている情報（本人の氏名等）

出所：「個人情報の保護に関する法律についての経済産業分野を対象とするガイドライン」（経済産業省）

となるものを含む。）」とされています。

　個人情報に該当する事例は、図表６－４のとおりです。

　採用活動においては、応募者から個人情報を取得する際、利用目的を「あらかじめ明示」、「通知」または「公表」する必要があります。この場合、利用目的は「採用選考」以外の何ものでもありませんが、後々のトラブルを防ぐためにも、なるべく利用目的をはっきりと示すのが望ましいでしょう。

　そこで準備しておくのが「個人情報取得同意書」です。「個人情

場合
（カ） 法令により開示または提供が許容されている場合
4．個人情報処理の外部委託について
提出された個人情報の取り扱いの一部または全部を外部委託する場合があります。その際は、個人情報の安全管理を適切に行うよう委託先を管理します。

5．個人情報の開示等の権利について
当社が保有する個人情報の利用目的の通知、開示、内容の訂正、追加または削除、利用の停止、消去および第三者提供の停止に関する請求は、請求理由が正当な場合において、所定の手続に従って対応いたします。下記、個人情報相談窓口までご連絡ください。

本件に関する苦情、詳細内容の説明又は確認をご希望の方は、下記の窓口に問い合わせ願います。

【個人情報相談窓口】
株式会社●●●●
所在地：〒XXX-XXXX □□県△△市○○町1-1-1
電話番号：XXX-XXX-XXXX
Eメール：privacy@XXXX.co.jp
個人情報管理責任者　株式会社●●●●　総務部長

株式会社●●●●　御中

私は、貴社の採用選考にあたり、応募書類に含まれる写真付履歴書、エントリーシート、適性検査結果等の個人情報の取扱いについて、上記を確認し、同意のうえ提出いたします。

平成　年　月　日

氏名＿＿＿＿＿＿＿＿＿印

採用選考における個人情報の取扱いに関する同意書

株式会社●●●●

株式会社●●●●（以下「当社」といいます）の採用選考にご応募いただきありがとうございます。採用選考にあたり提供された個人情報については、当社で定める個人情報保護方針並びに個人情報保護規定に従い、適正な取り扱いに努めます。主な取扱いルールは以下のとおりです。予め確認の上、同意される場合のみ、個人情報を提出下さいます様お願いいたします。

1．個人情報の利用目的について
当社に提出された個人情報は、当社の採用選考に関することにのみ利用し、他の目的には利用いたしません。

2．個人情報の提供の任意性について
個人情報の提出は本人の任意ですが、提出いただけない場合は利用目的を達成できない場合があります。

3．個人情報の第三者への提供について
当社は、原則として法令に定める場合および下記の場合を除いて、本人の同意を得ずに個人情報を第三者に提供しません。
（ア）　本人が第三者に不利益を及ぼすと判断した場合
（イ）　公衆衛生の向上または児童の健全な育成の推進のために特に必要がある場合であり、本人の承諾を得ることが困難な場合
（ウ）　国の機関若しくは地方公共団体またはその委託を受けた者が法令の定める事務を遂行することに対して協力する必要な場合で、本人の同意を得ることによりその事務の遂行に支障を及ぼすおそれがある場合
（エ）　裁判所、検察庁、警察、弁護士会、消費者センターまたはこれらに準じた権限を有する機関から、個人情報についての開示を求められた場合
（オ）　本人から明示的に第三者への開示または提供を求められた

報取得の目的（採用選考およびその過程での連絡にのみ使用する旨）」「個人情報の管理方法」「個人情報の第三者への提供・外部への委託」「個人情報の開示、訂正・削除」「個人情報の廃棄」などの項目について記し、応募者に提示、確認の上、同意の署名をしてもらいます。ＷＥＢ画面上の応募フォームに個人情報を入力してもらう場合も同様。利用目的などを明示し、応募者が「同意」の送信ボタンを押すことで同意の確認を取ります。

個人情報取得同意書のサンプルは２０４、２０５ページを参照してください。

選考中は厳重に管理し、選考後はすぐに返却・廃棄

取得した個人情報は、第三者に漏れることのないよう、厳重に管理する必要があります。紙の書類であればカギがついている棚やキャビネットの中で保管し、くれぐれも机の上に置きっぱなしにはしないでください。ＷＥＢ上で管理する場合もパスワードロックをかけておきましょう。また、第三者がいる場所――例えば公共の乗り物内や飲食店などで、応募者の情報を話すのも厳禁です。

選考を終えたら、すぐに本人に返却するかシュレッダーにかけて廃棄するなど、適切な形で処分しましょう。

第7章 トレンドをつかみ、新しいツールを活用する

1　「インターンシップ」で学生との相互理解を深める

実施企業が増加へ。3日～2週間が主流

「インターンシップ」とは、学生が企業などで一定期間、実習・研修的な就業体験をする制度を指します。日本では１９９７年、「経済構造の変革と創造のための行動計画」普及推進が閣議決定されたのを機に、当時の文部省・通商産業省・労働省が共同で「インターンシップの推進に当たっての基本的考え方」を策定。それに基づいた各種制度が整備され、政府、大学、産業界が普及・推進を図ってきました。

そして、このインターンシップに関する指針は２０１３年、文部科学省・厚生労働省・経済産業省によって改定されました。背景には、産業の国際競争力強化に向け、大学における人材育成をさらに加速させるという狙いがあります。

改定版では、インターンシップの意義について、大学などや学生にとっては「キャリア教育・専門教育の推進」「教育内容・方法の改善・充実」「高い職業意識の育成」「自主性・独創性のある人材の育成」などとし、企業側にとっては「実践的な人材の育成」「大学などの

図表７－１　従業員規模および業種、地域別インターンシップの実施状況

		2013年度実施率	2012年度実施率
全体		43.5%	39.0%
従業員規模	300人未満	31.3	27.0
	300～999人	36.7	34.5
	1,000～4,999人	50.0	45.5
	5,000人以上	74.4	61.5
業種	建設業	48.3	48.3
	製造業	43.1	38.7
	流通業	42.7	38.2
	金融業	51.4	47.1
	サービス・情報業	38.8	34.1
地域	関東	38.5	34.3
	中部	48.8	43.9
	近畿	40.8	36.0
	その他地域・計	51.6	46.7

出所：『就職白書2014―インターンシップ編―』（就職みらい研究所）

教育への産業界などのニーズの反映」「企業などに対する理解の促進、魅力発信」などと示しています。

２０１３年度のインターンシップ実施状況を調査したところ、全ての規模の企業において前年度よりもインターンシップ実施企業が増加しています（図表７－１）。

大学生がインターンシップに参加する時期としては、３年次の夏・春の長期休暇中が多く、期間としては「３日以上１週間未満」「１週間以上２週間未満」が主流となっています（図表７－２）。

図表７－２　インターンシップの実施期間

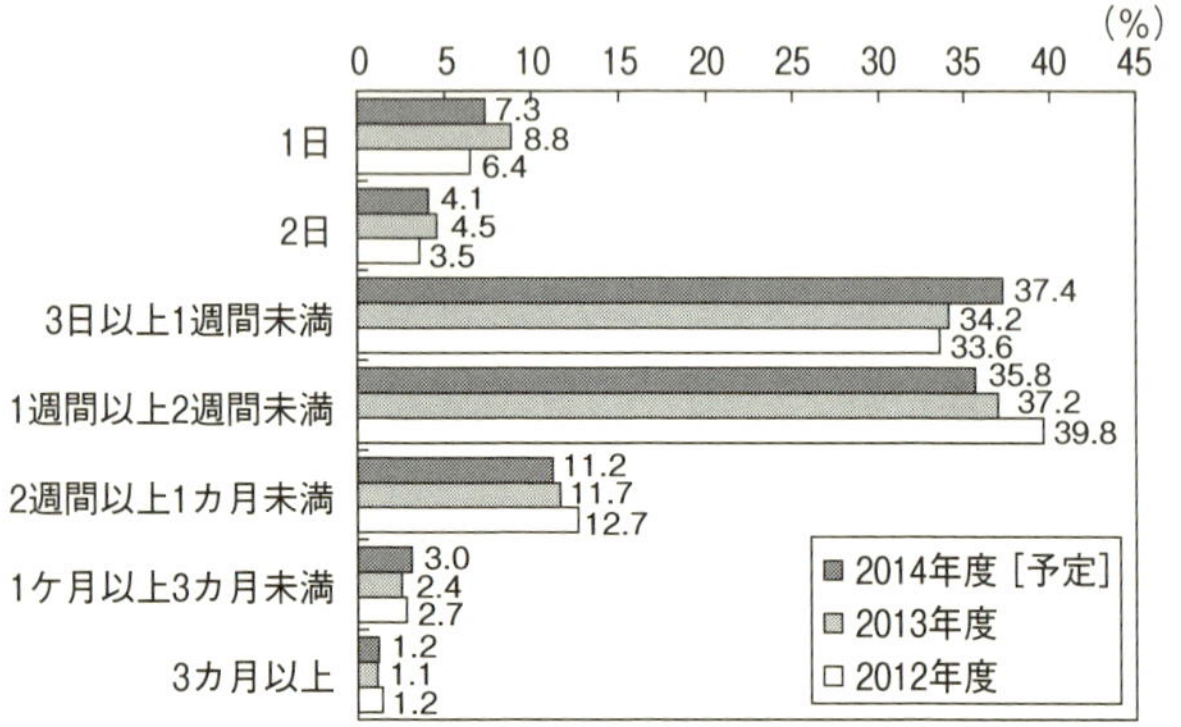

注：今回調査の、2012年度および2013年度、2014年度に関する回答結果を集計
　　2013年度および2014年度は、調査時点以降の予定を含めた回答
　　データは無回答サンプルを除いて集計
出所：『就職白書2014―インターンシップ編―』（就職みらい研究所）

採用を意識して実施する企業も

インターンシップの本来の目的は、業界や仕事についての実践的な知見を深め、社会人としての基礎力を養うことです。しかしながら、就職活動前に就業体験を積むことによって就職活動を円滑にしたり、また入社後の不適応を防ぐ目的も意識されています。

２０１３年度にインターンシップを実施した企業に実施目的をたずねたところ、前年度調査では「学生に就業体験の機会を提供することで、社会貢献する」が最も多く、次いで「仕事を通じて、学生に自社を含め、業界・仕事の理解を促進させる」であったところが、今回の調査では順位が逆転して

図表７－３　インターンシップの実施目的

（%）

	今回調査	前回調査	今回－前回差
仕事を通じて、学生に自社を含め、業界・仕事の理解を促進させる	78.2	71.9	6.3
学生に就業体験の機会を提供することで、社会貢献する	74.9	72.6	2.3
採用を意識し、学生のスキルを見極める	31.1	24.2	6.9
将来の顧客となり得る学生に対して、自社に対する理解・イメージアップを促進させる	30.4	23.7	6.7
定型業務・プロジェクト等を明示し、学生のスキルを活用して社員に対する活性化を促す	13.0	10.9	2.1
従来の採用とは異なるタイプの学生を見出す	7.2	4.2	3.0
その他	3.9	5.3	－1.5
特に目的を設定していない	1.1	—	—

注：「特に目的を設定していない」は、今回調査により追加
出所：『就職白書2014―インターンシップ編―』（就職みらい研究所）

いました。また「採用を意識し、学生のスキルを見極める」という目的も、前年より増加していました（図表7－3）。

一方、学生側はインターンシップをどのようにとらえているのでしょうか。2014年卒生へのアンケート調査では、インターンシップに参加した学生は23・9％。前年度の17・4％よりも増加しました（図表7－4）。参加の目的は上位から「仕事理解」「業種理解」「企業・職場の雰囲気を知る」「企業の事業内容理解」「自分のス

図表７－４　学生のインターンシップへの参加状況

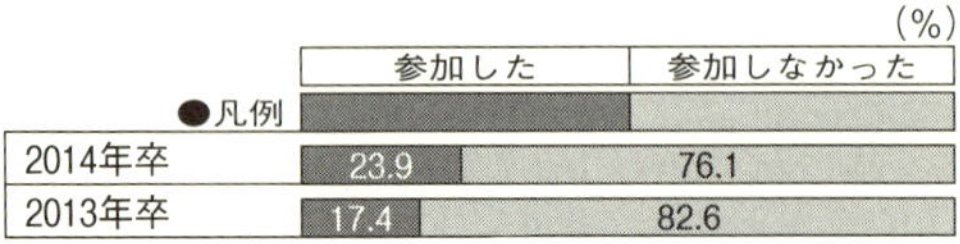

図表７－５　学生のインターシップの参加期間

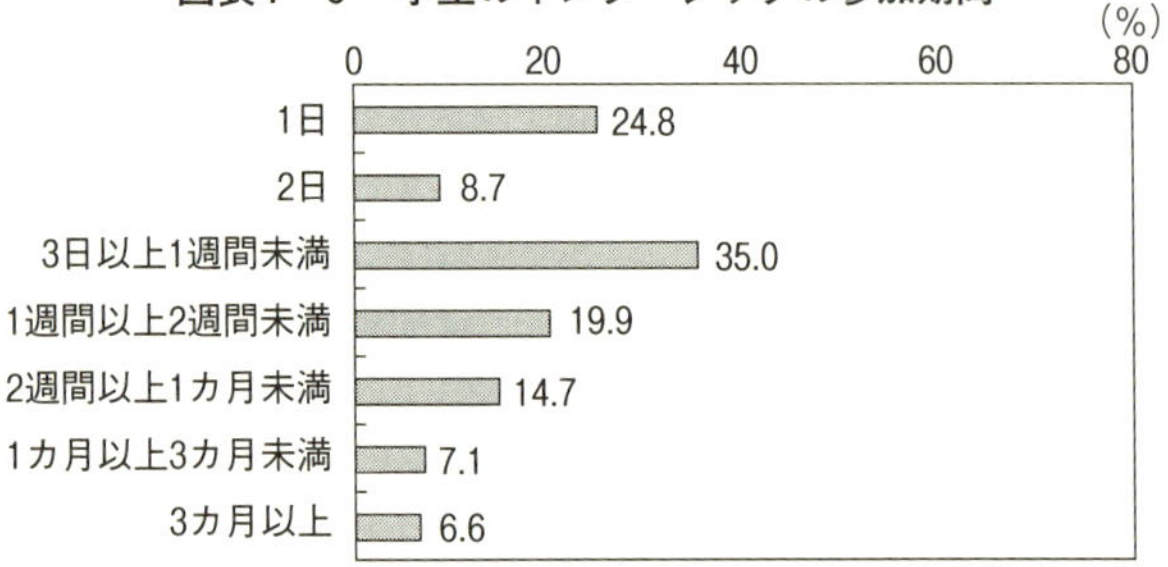

図表７－６　インターンシップに参加してよかったと思う点

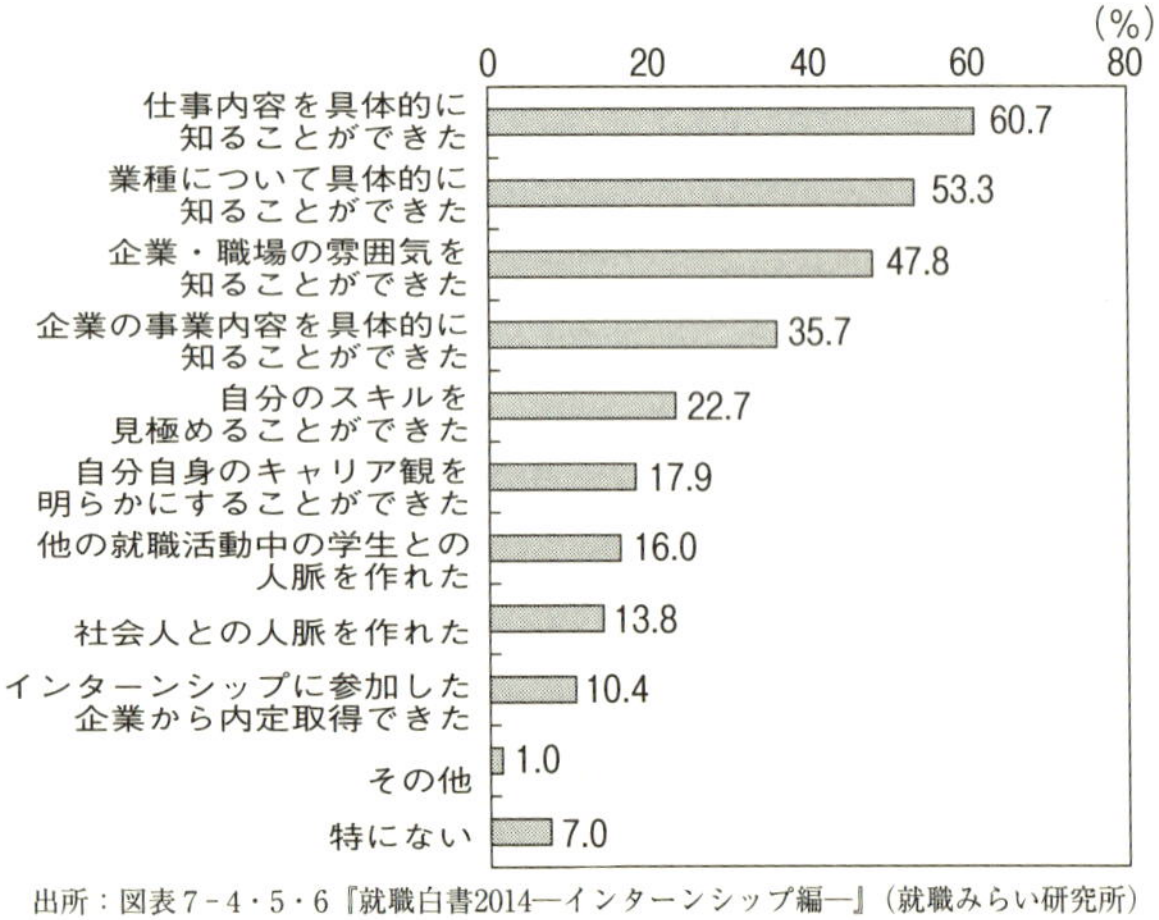

出所：図表７－４・５・６『就職白書2014―インターンシップ編―』（就職みらい研究所）

図表7－7　インターンシップを実施する際の苦労や懸念点

（%）

		社内協力者の巻き込み	プログラムの企画・設計	運営上の事前手配	プログラムの実施
	全体	75.1	70.5	38.5	36.0
従業員規模	300人未満	70.5	64.8	27.3	34.1
	300～999	75.8	68.3	36.6	34.2
	1,000～4,999	72.9	70.2	44.2	31.5
	5,000人以上	76.1	80.6	46.3	46.3

		参加者の募集・選考	事務手続き	プログラム終了後のフォロー	その他	特にない
	全体	29.0	24.9	21.4	0.7	6.7
従業員規模	300人未満	10.2	14.8	15.9	—	8.0
	300～999	23.0	18.0	16.8	0.6	7.5
	1,000～4,999	37.0	30.4	22.7	0.6	8.3
	5,000人以上	46.3	38.8	31.3	—	4.5

注：データは無回答サンプルを除いて集計
　　従業員規模不明・無回答企業があるため、規模別の計と全体は一致しない
出所：『就職白書2014―インターンシップ編―』（就職みらい研究所）

キルの見極め」となっています。また参加期間は「3日以上1週間未満」が最も多く、次いで「1日」という回答が多数です（図表7－5）。

そしてインターンシップに参加してよかったと思う点については、その目的どおり、60％以上の学生が「仕事内容を具体的に知ることができた」、約50％の学生が「業種について具体的に知ることができた」「企業・職場の雰囲気を知ることができた」と回答しています（図表7－6）。

こうしたことから、インターン

シップの実施は、学生に会社や仕事を理解してもらう機会として有効であるといえそうです。なお、実施する際の苦労や懸念点については、「社内協力者の巻き込み」と回答した企業が75%にのぼっています（図表7－7）。実施する場合は、まず社内の協力体制を築くことが成功の秘訣ということでしょう。

一方、この「インターンシップ」は、事実上の就職活動なのではないか、という指摘もあります。実際、学生にインターンシップの参加目的をたずねた調査では、7%が「内定獲得」だと回答しています（複数回答）（図表7－8）。さらに実際にインターンシップに参加した企業に就職したかどうかについては、インターンシップ参加者の7人に1人程度が「その会社に就職する予定」（図表7－9）。これを多いと見るか少ないと見るかは議論の余地がありますが、インターンシップ参加者の半数以上がインターンを経験した企業とは別の業界に就職しているという事実を鑑みると、現在のところ「インターンシップ＝即、就職・採用」と断じるような状況ではないと思われます。

図表７－８　インターンシップの参加目的

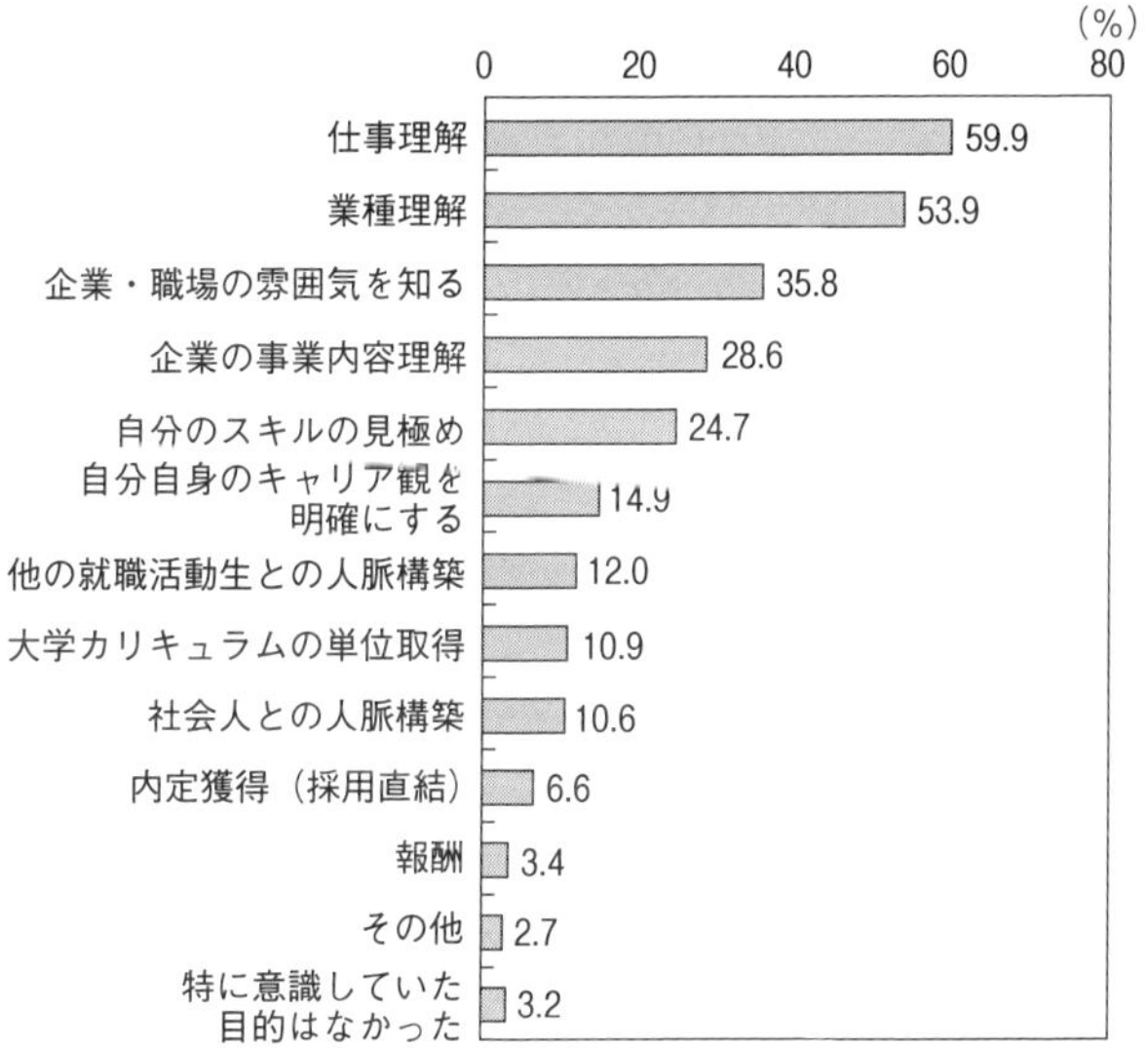

出所：『就職白書2014―インターンシップ編―』（就職みらい研究所）

図表７－９　インターンシップ参加企業への入社予定状況

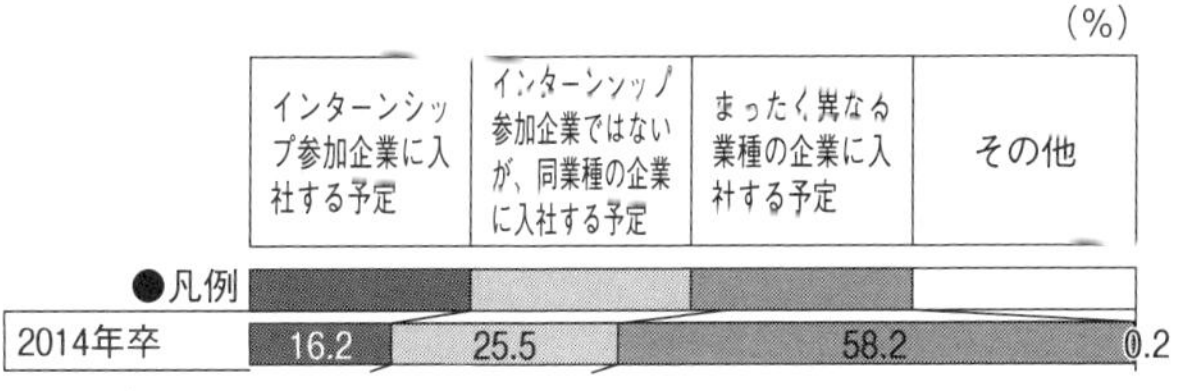

出所：『就職白書2014―採用活動・就職活動編―』（就職みらい研究所）

2　バリエーションが広がりつつある「試職」

会社説明会での「仕事体験」から発展

前項で触れたとおり、インターンシップは学生との相互理解を深め、入社への動機付けをする手段として有効です。しかし、中小企業などではインターンシップを実施する余裕がない企業が多くを占めます。そこで、中小企業では、会社説明会の中に仕事や職場の「体験」「お試し」を取り入れることで、入社後の不適応防止を図ってきました。

その取り組みが近年、徐々に拡大し、体験の内容、期間ともにバリエーションが広がっています。就職みらい研究所ではこうした職業体験の機会を総称して「試職（ししょく）」と呼び、導入を推奨しています。

「試職」とは、学生が就職先を選ぶにあたり、その決断をする前に対象となる仕事や職場を試す行為を意味します。一般的な消費行動においては、試着・試飲・試乗・試聴など、「決断前に試す」のはごく当たり前になっています。それが就職の領域にも応用され始めているということです。企業側にとっては「入社後の不適応」の予防策となり、双方にとってメリットが大きいといえます。

「試職」を実施する企業・学生は徐々に増えてきました。新たなトレンドとなっている背景には、「学生」「企業」「就職／採用スケジュール」の3つのポイントが挙げられます。

就活生の大きな悩み──「志望動機が書けない」を解消

毎年、就活生から寄せられる悩みの1つに、「（エントリーシートなど応募書類の）志望動機が書けません」というものがあります。

過去の調査結果でも、就職活動上の悩みとして、「自分が何に向いている／やりたいのかが見つけられない」という点を挙げている学生は6割近くにのぼっています。さらに、その他の項目でも、「自分を知る」「相手（職業）を知る」というプロセスでつまずいていることがわかります。またこの調査結果では、未内定者が内定者よりも明らかに高い数値を示していました（図表7－10）。

「試職」はこうした壁を乗り越え、自分に合う仕事・企業にたどり着けるきっかけとなり得ます。試職の機会が提供されることで、学生は「自分を知る」「相手（職業）を知る」というプロセスを踏むことができ、志望動機の明確化やフィット感の確認が可能になるという

図表7-10　学生の就職活動上の悩み

※未内定者の回答（複数回答）

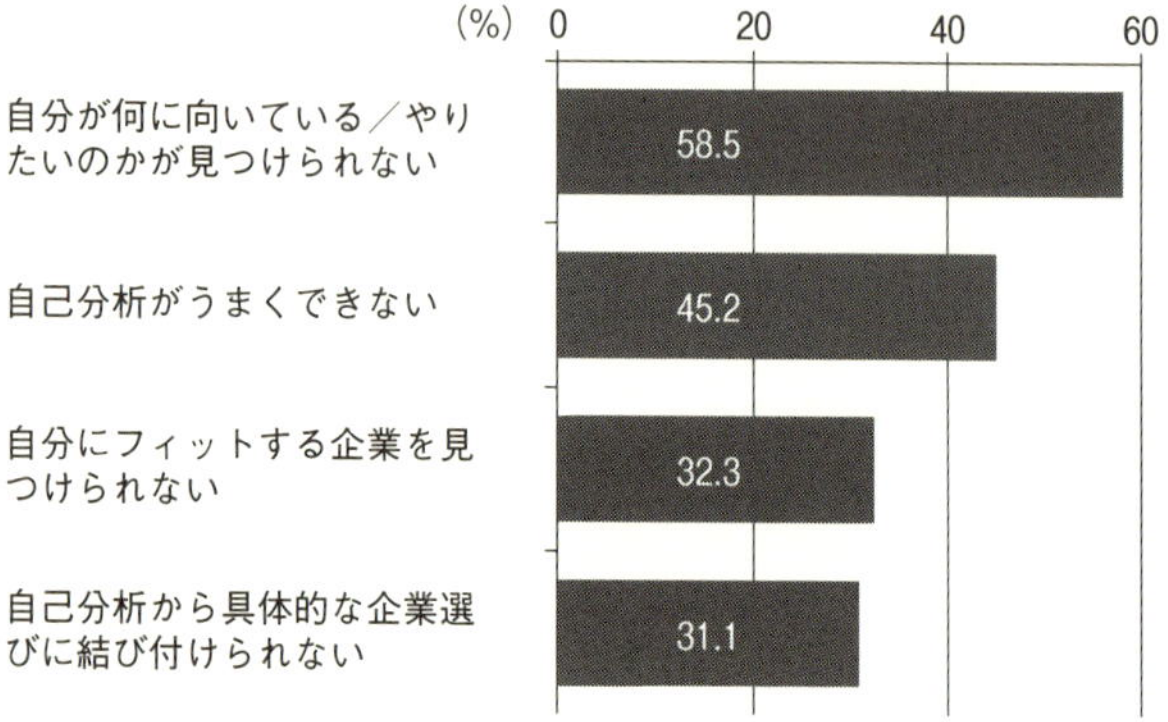

●矢野経済研究所「就職活動に関するアンケート調査2009」

株式会社矢野経済研究所と学校法人河合塾キャリア教育事業部は、就職活動を経験した短大生、大学生、大学院生を対象に「学生に望まれる就職支援サービス」ついて次の要綱にてアンケート調査を実施。

1．調査期間：2009年6月10日～15日

2．調査対象：日本全国の短期大学2年生、4年制大学4年生、大学院（修士）2年生の男女700名

3．調査方法：インターネット形式

出所：「就職活動に関するアンケート調査2009」（矢野経済研究所）

わけです。

企業は若手の「不適応」を防ぐため、採用活動段階での見極めを図る

一方、企業側は、厳しい競争の中での勝ち残りをかけて人材マネジメントに注力しています。生産性向上や経営のスピードアップを課題とし、新人・若手社員の早期戦力化に積極的に投資する傾向が強くなっています。

ところが、リクルートマ

ネジメントソリューションズの『人材マネジメント実態調査２０１０』によると、新人・若手の職場不適応者が「増えた」と回答した企業が44・1％にものぼります。

その背景は、個人要因・職場環境要因・仕事環境要因などさまざまですが、いずれにしても企業側が解決の糸口と考えるのは「適応する人材の採用」。入社後の「不適応」を事前回避するため、試職を通じて自社に適応する人材なのかをしっかり見極めようとしているのです。

タイトな採用スケジュールの中、コンパクトな形で実施

就職活動／採用活動のスケジュールが圧縮されていることも、「試職」の導入を後押ししています。

企業側は、以前から「試職」の1つとして「インターンシップ」を取り入れてきました。ところが、インターンシップは一定規模以上に広がっていないという現実があります。なぜなら、一部の人気企業を除けば、インターンシップの母集団形成は、採用活動のそれ以上に困難だからです。仮にうまく学生を集めることができ、インターンシップを実施できたとしても、就職・採用活動の本番までには時間が空いてしまうため、学生に関心を持ち続けて

図表7－11　「試職」の機会が多様化＆拡大

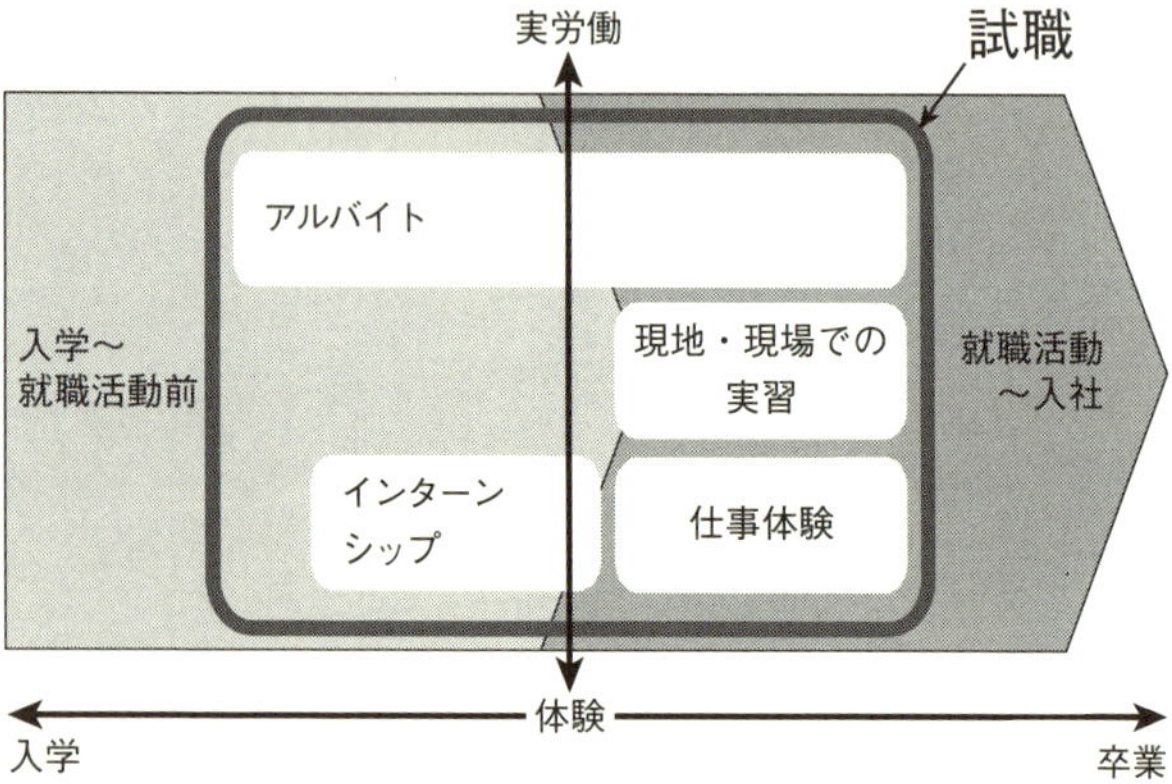

もらいにくい傾向があります。しかも、サービス業などでは、現場に多くの「素人」を長時間配置できないという要因もあります。

一方、「試職」にさまざまなバリエーションがあり、いわゆるインターンシップよりもコンパクトな形で仕事体験や実習の機会を設けるものも多数あります。内容も時期も多様です（図表7－11）。

これまでの実施例では、「最終面接の前」に行い、「2次面接」の意図を含めているケースが多く見られます。期間は「1日」が主流です。内容は「営業に同行」「顧客獲得の体験」「現場での商品販売」「課題企画に使用する資料探し＆プレゼン」など、見極めたい素養を観察できるようなプログラムを実施しています。

「リアル」を体験することで、志望動機が醸成される

試職を活用している企業の一例を紹介しましょう。

業務用酒類飲料の販売会社・K社は従業員150名規模。10名程度の新卒採用を予定していました。過去には、入社後5年以内に80％以上が退職していた時期もあり、入社前後のギャップが大きいことを課題視し、選考の途中段階で仕事の現場を見せる「試職」の機会を作ることにしたのです。実施のタイミングは2次面接の前。学生が1日を通して営業担当者に同行するプログラムを組みました。

試職を実施した結果、学生の反応は「楽しかった」「自分には無理だ」など、さまざまでした。「イメージしていた営業の仕事と違う」と次回面接を辞退する学生もいれば、「同行した先輩のようになりたい」と志望意欲を強める学生もいて、適切なマッチングにつながりました。

企業側としては、営業同行の現場で、面接室では見えないような「素」の人間性を見ることができ、営業スタッフが「仲間として一緒に働きたいか」という感覚で判断ができたとい

―コラム 定着率を高める手法として注目されるRJP―

採用活動を行い、求める人材を獲得できたとしても、内定辞退や早期離職という結果に終わることもあります。それを防ぐ策の１つとして「RJP」という手法があります。

「RJP」とは、Realistic Job Preview（＝リアリスティックジョブプレビュー。現実的な仕事情報の事前開示）の略です。Realistic Recruitment（＝リアリスティックリクルートメント。本音採用）とも呼ばれます。

通常、企業は採用活動において、優秀な人材が自社を選んでくれることを望み、自社の優れた面のみを強調して伝えがちです。一方、RJPの手法を使う場合は、良い面だけでなく悪い面についても、ありのままの情報を伝えます。それにより、後々悪い面を知って、そのギャップに対する抵抗感から早期離職してしまうという事態を防ぐというわけです。

この研究はアメリカで30年前から行われてきたもので、「RJP」という採用理論は産業心理学者のジョン・ワナウス教授によって提唱されました。研究者によると、４つの効果が実証されています。

・ワクチン効果

職場や仕事に過度の期待を抱かせないことで、入社後の失望を防ぐ

・スクリーニング効果

情報をもとに、自分がその企業に向くかを自分で判断できる

・コミットメント効果

困難を承知で入社するため意欲が高い。また、企業に誠実さを感じ、愛着が高まる

・役割明確化効果

企業が人材に期待することを明確にすることで、やりがいを実感しやすい

こうした研究では成功事例も確認されています。ある電話会社では交換手の離職率が高いという課題を抱えていました。その会社は、以前は求人にあたり良い面のみを提示していましたが、会社案内資料を作り直し「単調で退屈な仕事」「厳しい監督下に置かれる」「同僚との交流が乏しい孤独な作業」などのネガティブな側面を記載したところ、応募者数は減少したものの離職率が低下。採用コストや教育コストの抑制につながったそうです。

います。

K社では、研修などの施策の効果もあいまって離職率が大幅に改善しました。家庭の事情などによる退職者はいるものの、「不適応」が原因の離職はゼロになっています。

仕事現場を映像などで見せることはできますが、リアルに体感することで学生は理解を深め、志望動機の確立につながるというわけです。仕事の楽しい面も苦しい面も両方を感じさせるプログラムを組むことが、「試職」の効果を高めるといえるでしょう。

3　「SNS」を活用し、コミュニケーション効率を高める

コスト面でも、学生との交流の面でもメリットは多い

ブログ、ツイッター、フェイスブックといった「ソーシャル・ネットワーキング・サービス（SNS）」も、就職活動ツール／採用活動ツールとして一般化してきました。自社の情報を広く発信できるのはもちろん、ツイッターの「リツイート」、フェイスブックの「いいね」など、情報を受け取った人が拡散することで母集団形成につながります。

ソーシャルリクルーティング事業を手がける企業が行った調査によると、特に利用率が高

図表7-12　新卒採用「採用フェイスブックページを作って、採用に何かしらの効果はあったか」

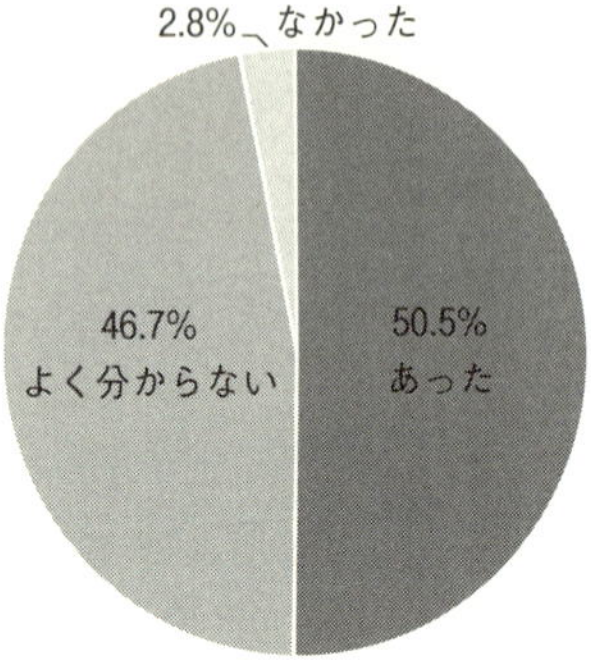

出所：『ソーシャルリクルーティング白書　2014年度新卒採用』ギブリー

いのは「フェイスブック」です。新卒採用を目的にフェイスブックにページを立ち上げた企業は、２０１３年6月1日時点で３０００社を超えました。２０１４年度新卒採用でフェイスブックを活用した企業人事に対し「効果があったか」という質問をしていますが、過半数（50・5％）が「何かしらの効果を感じている」と回答しています（図表7－12）。前年度の調査と比較し、効果を感じた企業人事は3・6ポイント増加していました。効果の実感としては「学生から親しみを持ってもらえるようになった」が最も多く、次いで「学生の会社理解度が向上した」「社内広報ができた」「会社の認知度が向上した」などの項目が上位となっています（図表7－13）。

図表7-13 「フェイスブックページ運営を通じて、2014卒採用にどのような効果があったか」

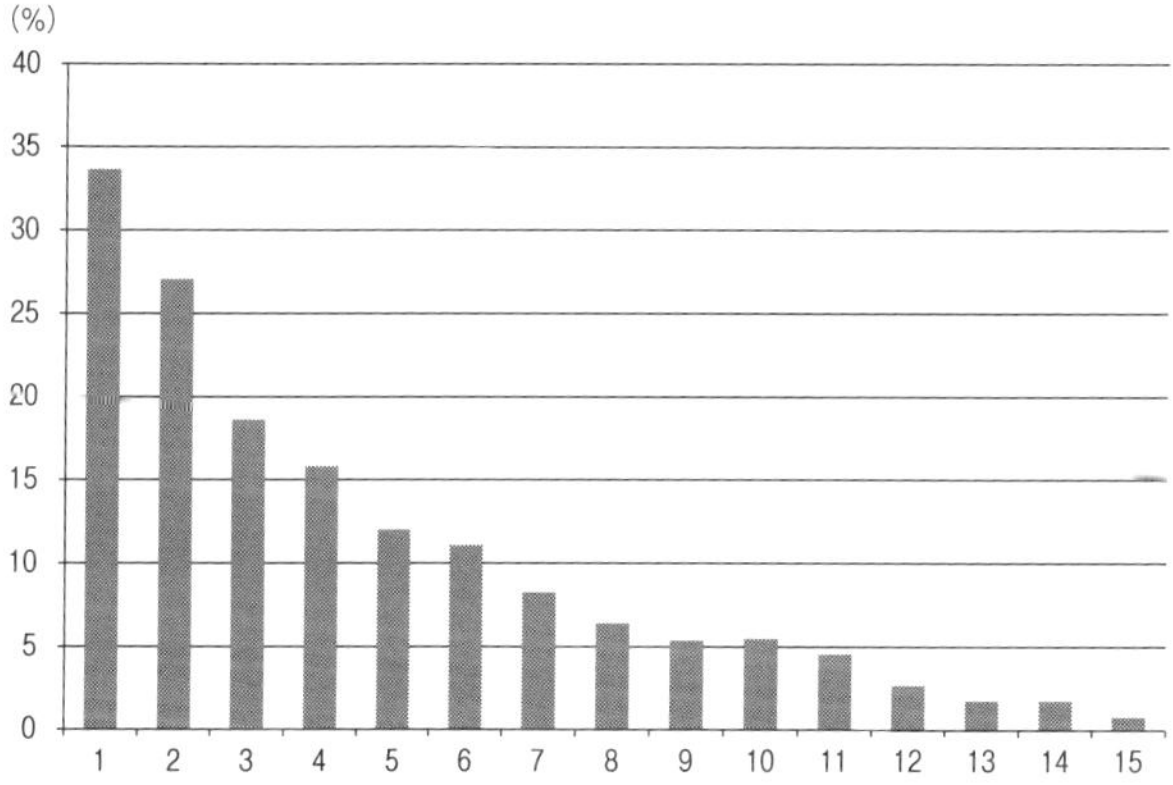

1. 学生から親しみを持ってもらえるようになった
2. 学生の会社理解度が向上した
3. 社内広報ができた
4. 会社の認知度が向上した
5. ナビサイトオープン前から学生にプロモーションできた
6. 学生とのコミュニケーション量が増えた
7. 採用において新しい企業ブランドイメージを確立できた
8. エントリー数が増えた
9. 説明会集客数が増えた
10. 他の採用手法では集まらないターゲット層と出会えた
11. その他の効果があった
12. 従業員満足度が高まった
13. 選考途中の学生の離脱が減った
14. 内定者承諾率がアップした
15. Facebookページから採用できた

出所：『ソーシャルリクルーティング白書　2014年度新卒採用』ギブリー

なお、採用活動でフェイスブックを利用した企業のうち44％以上が、内定者フォローにおいてもフェイスブックをコミュニケーションツールとして活用しています。また、フェイスブックのほか、ツイッターを併用している企業も多いようです。

では、ＳＮＳを活用するメリットをまとめてみましょう。

〈企業側のメリット〉

・基本的なサービスの利用は無料であり、募集コストを抑えられる
・一度に多くの学生に採用情報を提供できる
・採用ターゲットとなる人物が多く集まるコミュニティーにアクセスし、ターゲットと接点を持つことができる
・会社の社風や雰囲気を伝えやすい
・「採用したい」と思った学生とのつながりを維持し、動機付けを促進できる
・時代に合った採用手法を使っているという点で、革新的な企業であるというイメージを持たれる

〈学生側のメリット〉

・企業が発信した情報を手軽に受け取れる
・採用担当者とコミュニケーションができる
・同じ業界・職種・企業を志望する人と情報交換ができる

ＬＩＮＥを活用した交流会を開催する企業も

新卒採用で「ＬＩＮＥ」を活用する動きも見られます。「ＬＩＮＥ」は、スマートフォンやパソコンを対象とするコミュニケーションサービスで、複数の利用者同士でリアルタイムのチャットができるのが特徴です。この「双方向性」を活かし、企業と学生の交流会や座談会が開かれています。テーマごとに、企業側からは「新入社員」「ワーキングマザー」「イクメン」「外国籍社員」などが参加。会社説明会では取り上げられないようなテーマで、企業の違う一面をアピールできるのがメリットといえます。

リスクも大。適切な運用ができなければ逆効果になる

ＳＮＳを使った採用活動は、手軽にできるからといって、安易に始めるのはおすすめできません。ＳＮＳの運用は、慣れていない人にとっては面倒なものです。中途半端なところで運用を止めてしまうと、マイナスの印象を与えることになります。

ほか、ＳＮＳ活用に付きもののリスクとして「誤解」「炎上」が挙げられます。ＳＮＳ上で学生とコミュニケーションを取る社員の個人的な発言が、企業の公式見解ととらえられ、誤解を生むこともあります。また、社員が学生のコメントや質問を無視したり、批判的な書き込みなどに対して「反撃」するような態度を取った場合など、それを見ているユーザー全員から非難を受け、「炎上」という事態に陥りかねません。企業の評判を落とし、悪評がずっとネット上をさまよい続ける恐れもあります。

また、「なりすまし」の被害を受ける事件も起きています。第三者が企業の社長や社員になりすましてＳＮＳ上で発言し、騒動となるケースが多発。これは知名度が低い中小企業にとっても他人事ではなく、悪意を持った第三者の行為により混乱を招くこともあります。

こうしたリスクをふまえ、正しい知識とスキルを持って継続的に運用することができれば、ＳＮＳは採用活動の強力なツールとなり得るでしょう。

4　学生が情報公開してオファーを待つ「逆求人」

アピール意欲が高い学生に出会える

企業が公開している採用情報を見て応募するのが一般的な就職活動です。ところが、その「逆」の就活スタイルが登場しています。学生が自分自身のプロフィールを公開し、企業からの採用オファーを受けるというものです。転職情報サイトにおいては、自身のキャリアや希望条件を登録しておいて企業から声がかかるのを待つという「スカウト型」サービスの利用が選択肢の一つとして定着していますが、それがいよいよ学生にも広がり始めました。

こうした就活スタイルを支援する企業やサービスも現れています。企業側は学生のプロフィールが登録されているサイトを訪れ、学生が発信しているＰＲ文章や動画などを見て、興味を持った学生にアプローチします。学生を探す際には、属性や志望業種といった基本情報のほか、適性診断の結果やフリーワードで検索することもできるケースが多いため、求めている人物に出会えることが期待できます。

そして、採用に至った場合にサイト運営会社などに成功報酬を支払うケースが多く、採用コストが安く抑えられるのもメリットといえます。

また、Ｗｅｂ上だけでなく、イベントで直接対面する機会も。企業の合同説明会では企業の採用担当者がブースにいて学生が訪れるわけですが、それが逆となります。学生がブースで待機していて、企業側が興味を持った学生に声をかけるのです。例えば、「逆求人フェスティバル」（ジースタイラス社）では、学生が集まった企業に自己ＰＲ・プレゼンを行います。

こうした「逆求人」が浸透し始めているのは、ＳＮＳの普及により自分自身を「発信」することに慣れてきたからでしょう。とはいえ、まだまだこうした手法を選ぶ学生は多くはないのですが、自分自身をアピールする意欲が特に高い人物を採用したい企業にとっては、有効なツールといえます。

「逆求人」にもＳＮＳ――就職／採用のツールとしてさらに可能性が広がる

この「逆求人」のトレンドですが、今後はＳＮＳを通じた「逆求人」活動も広がっていきそうです。

注目されているのは「リンクトイン（LinkedIn）」。米国シリコンバレーの企業・リンクトインが２００３年にサービスを開始した世界最大級のＳＮＳで、登録ユーザーは２０１４年現在、世界で３億人を超えています。他のＳＮＳとの違いはビジネスに特化している点。リンクトインでは、ユーザーはビジネス上のプロフィールを発信し、ビジネス情報を交換し、ネットワークを広げているのです。

そして多くのビジネスパーソンが、いわば「履歴書」をオープンにしている状態であるため、人材探しや転職先探しの場ともなっています。ユーザーは自分のキャリアを詳細に記しているため、人材を探す企業やヘッドハンターなどが検索しやすく、目に留まりやすくなっているというわけです。ユーザー側も「スカウト」に期待し、転職を意識したプロフィール発信をしています。リンクトインでは、こうした「人探し」「マッチング」の機能の充実を図ってきました。

日本では２０１１年10月にサービスがスタートし、２０１４年現在で１００万人以上が登録。「採用メディアの黒船が現れた」などともささやかれています。実際、グローバル採用を行っている国内の大手メーカーやネット企業などでは、すでにリンクトインを採用ツールとして導入し始めています。

今後は国内でも、趣味やプライベートの雑談を避けてビジネスのみの情報を求める人、ビ

コラム アジア各国の就職事情「アジアの働くを解析する」

●進路をいつ決定する？

アジアの学生の進路決定のタイミングの特徴は、次の3つの比率に表れています。

①「早期決定派」…大学1、2年次の前期までに決める

②「後期決定派」…専門の学習が深まり、就職活動が始まる大学後期に決める

③「卒後決定派」…大学を卒業してから決定する

「早期決定派」の比率は、親などの影響度や教育システムに左右されますが、突出して高いのがベトナム。高校卒業までに3割、大学前期までに5割以上の学生が進路を決定するという特徴が見られ、アメリカに近い水準となっています。なお、日本では「早期決定派」の比率が他のアジア諸国に比べて極度に低く、「後期決定派」が大多数。日本に次いで、中国・韓国でも「後期決定派」が高い比率を占めています。「卒後決定派」の比率はインドが50%強ともっとも高く、マレーシア、インドネシア、タイが続きます。

●就職先を見つける手段は？

インドでは、大学のキャリアセンターが学生と企業の出合いの場を完全に仕切っています。求人企業を査定した結果、門戸を閉じることも。中国では、企業から大学に寄せられる採用情報やインターンシップ情報が学内イントラネットの掲示版に掲示され、学生にとって貴重な情報源となっています。韓国では大学教員の存在感が強く、工学系では教員と企業が共同開発などを通じてパイプを築いています。ベトナム、インドネシアは家族や知人などの紹介が主流。なお、ベトナムを除くアジア諸国では、民間のネットサービスの利用も活発です。

ジネス上の「ゆるいつながり」を求める人の間で活用が広がり、転職ツールとしても利用されることでしょう。新卒採用でも一部の学生に浸透する可能性があります。もちろん、リンクトインのみでなく、フェイスブックやその他のSNSが就職・転職活動ツールとしてさらに活用されていくのではないでしょうか。

こうしたSNSも含め、採用手法や採用ツールは今後もどんどん多様化していくことでしょう。しかし、どんな手法・ツールを使うにしても、「求める人材像」を明確にし、「適切なコミュニケーション」を図っていくことが重要である点は共通しています。

本書のまとめとして、採用コミュニケーションのエンジニアリングフローをご紹介しておきます。（図表7－14）このフローを構築しておけば、時代の変化に伴う採用手法・ツールの変化にも対応していけるのではないでしょうか。

新卒採用の根幹は、自社の事業を前に進めたい企業と、自身の未来を切り開きたい若者とが互いを理解し、信頼関係を構築して、共に歩む意志を確かめ合うコミュニケーションです。これを成立させるためには、企業が一人ひとりの応募学生を理解しようと努めることと同時に、自社がどのような未来を追求していくのかを、社内合意に基づいて明示することが不可

図表7-14　採用コミュニケーションのエンジニアリングフロー

★Qに☑を入れてプロセスを確認してみましょう

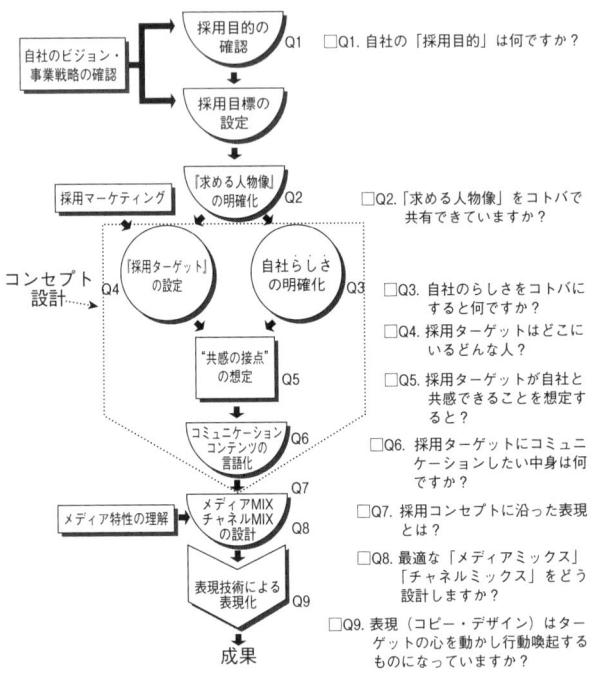

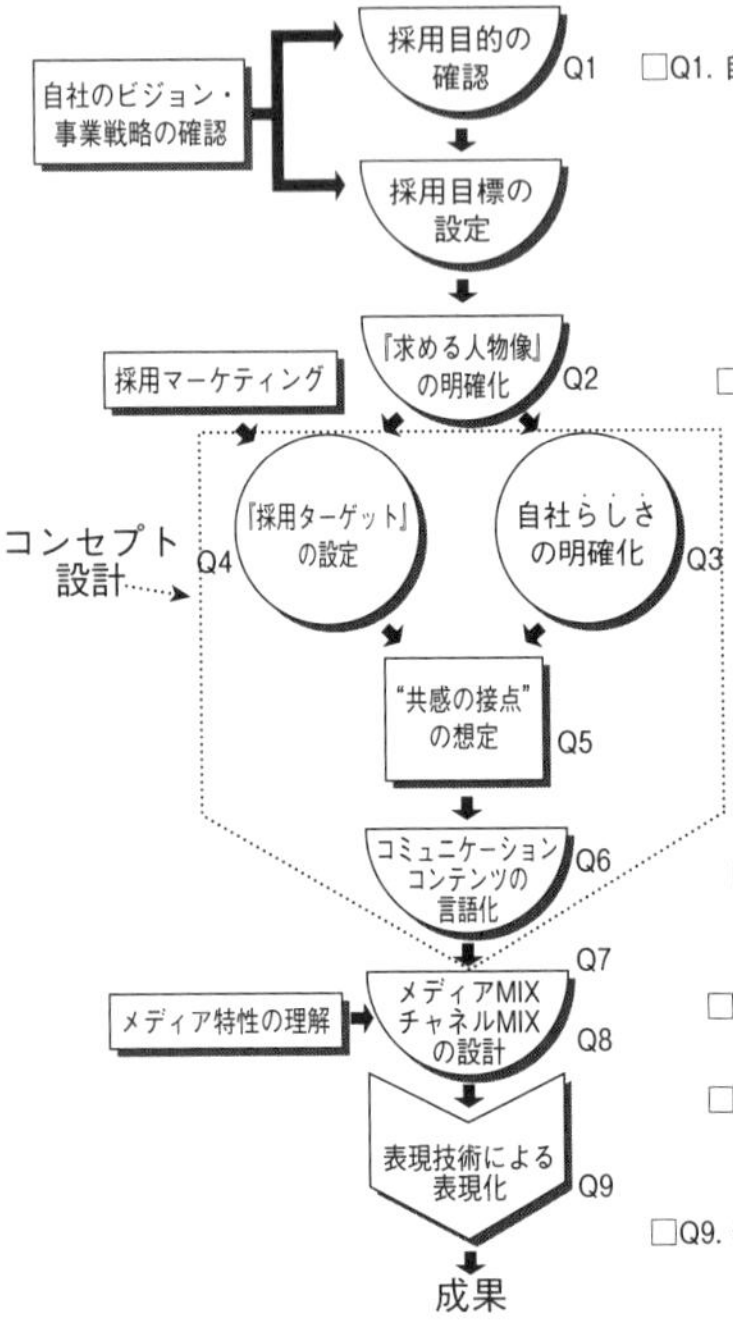

□Q1. 自社の「採用目的」は何ですか？

□Q2.「求める人物像」をコトバで共有できていますか？

□Q3. 自社のらしさをコトバにすると何ですか？

□Q4. 採用ターゲットはどこにいるどんな人？

□Q5. 採用ターゲットが自社と共感できることを想定すると？

□Q6. 採用ターゲットにコミュニケーションしたい中身は何ですか？

□Q7. 採用コンセプトに沿った表現とは？

□Q8. 最適な「メディアミックス」「チャネルミックス」をどう設計しますか？

□Q9. 表現（コピー・デザイン）はターゲットの心を動かし行動喚起するものになっていますか？

欠です。つまり新卒採用は、自社のアイデンティティを再確認する貴重な機会でもあります。グローバル競争が激化し、自社ならではの強みが問われる今こそ、新卒採用を通じた組織基盤の再強化に挑んでいただきたいと願ってやみません。

●参考文献

本書で紹介した内容に関連する書籍をご紹介しておきます。新卒採用の手法や実務を知るための参考書としてご活用ください。

労務行政『労政時報別冊　実践　新卒採用の活動マニュアル』（労務行政）２００７

荻原勝『失敗しない！　新卒採用実務マニュアル』（経営書院）２０１３

綿貫哲也『中小企業の採用担当者へ！　これが新卒獲得のノウハウです』（実務教育出版）２００７

稲田行徳『採用の教科書２　即戦力採用は甘い罠？　―中小企業向け、求める人材像の設定編―』（ビジネス・ベストセラー出版）２０１２

リクナビ・リクナビＮＥＸＴ編集部『人事担当者の成功する採用面接』（成美堂出版）２００７

石嵜信憲『新改訂　人事労務の法律と実務―こんなことが知りたかった』（厚有出版）２００９

大久保幸夫『会社を強くする人材育成戦略』（日経文庫）２０１４

大久保幸夫『マネジャーのための人材育成スキル』（日経文庫）２０１４

大久保幸夫『キャリアデザイン入門〈１〉基礎力編』（日経文庫）２００６

大久保幸夫『キャリアデザイン入門〈２〉専門力編』（日経文庫）２００６

大久保幸夫『仕事のための12の基礎力　「キャリア」と「能力」の育て方』（Kindle版）２０１３

このほか、リクルートワークス研究所が発行する人事専門雑誌「Works」でも、人材に関する幅広いテーマの情報を発信しています。リクルートワークス研究所のHP（http://www.works-i.com/）

から各号・全文をダウンロードして読むことができます。

●参考サイト

リクルートキャリア『就職みらい研究所』 http://data.recruitcareer.co.jp/

リクルートワークス研究所 http://www.works-i.com/

リクルートマネジメントソリューションズ『組織行動研究所』 http://www.recruit-ms.co.jp/research/

日本の人事部『新卒採用.jp』 http://hr-recruit.jp/

●本書で引用した調査の概要

①就職白書２０１４

・調査目的：新卒採用に関する企業と就職に関する学生の活動実態を把握し、関係各位の参考に供する

・調査対象：全国の新卒採用を実施している従業員規模５人以上の企業、民間企業にを対象に就職活動を行った全国の大学４年生・大学院２年生の男女

・調査方法：郵送法［企業］、ＷＥＢアンケート［学生］

・調査期間：２０１３年12月～２０１４年１月［企業］、２０１４年１月［学生］

・回答数：１３３２社［企業］、１６１０人［学生］

・調査主体：就職みらい研究所（http://data.recruitcareer.co.jp/）

②　２０１４年新入社員調査

・調査目的：新入社員の期待や不安を明らかにする
・調査方法：アンケート調査
・調査対象：全国各地で開催した新入社員導入研修「８つの基本行動」の討議期間での受講者
・調査期間：２０１４年３～４月
・回答数　：１０９３名
・調査主体：株式会社リクルートマネジメントソリューションズ

③　大卒採用構造に関する調査レポート

・調査目的：全国の民間企業を対象に、新卒採用の採用予定数や採用数などの採用動向を明らかにする
・調査方法：電話・ＦＡＸにて回収
・調査対象：従業員規模５人以上の全国の民間企業
・調査期間：２０１１年10～11月
・回答数　：５８４５社
・調査主体：リクルートワークス研究所（http://www.works-i.com/）

④

ソーシャルリクルーティング白書大卒採用構造に関する調査レポート

・調査内容：２０１４年度の新卒採用を行った企業の中で、フェイスブックを活用した／しなかった企業に対する、ソーシャルリクルーティングに関する意識調査
・調査方法：ＷＥＢアンケート調査
・調査対象：従業員規模５人以上の全国の民間企業
・調査期間：２０１３年６～７月
・回答数　：１８７社
・調査主体：株式会社ギブリー

⑤

アジアの働くを解析する

・調査目的：中国、韓国、インド、タイ、マレーシア、インドネシア、ベトナム、アメリカ日本全国の民間企業を対象に、新卒採用の採用予定数や採用数などの採用動向を明らかにする
・調査方法：インターネットモニター調査
・調査対象：男女20～39歳の大卒以上（短大卒は含まない）かつ働いている人
・調査期間：２０１２年９～12月
・回答数　：性別×年齢（10歳刻み）で１５０サンプルずつ、各６００名
・調査主体：リクルートワークス研究所（http://www.works-i.com/）

岡崎仁美（おかざき・ひとみ）
就職みらい研究所所長
1993年株式会社リクルートに新卒入社。以来、一貫して人材関連事業に従事。営業担当として中堅・中小企業を中心に約2000社の人材採用・育成に携わった後、転職情報誌『B-ing関東版』編集企画マネージャー、同誌副編集長、転職サイト『リクナビNEXT』編集長、『リクナビ』編集長を歴任。2013年３月、株式会社リクルートキャリアの新卒事業本部内に、「調査」「研究」「情報発信」を目的とした組織である就職みらい研究所を設立し、所長に就任。

日経文庫1323
新卒採用の実務
2014年11月17日　　１版１刷

著　者　岡崎仁美
発行者　斎藤修一
発行所　日本経済新聞出版社
http://www.nikkeibook.com/
東京都千代田区大手町1-3-7　郵便番号100-8066
電話（03）3270-0251（代）

装幀　内山尚孝（next door design）
印刷・製本　シナノ印刷

ISBN 978-4-532-11323-0